ରୁରୁରୁ ରୁରୁ

ରୁରୁରୁ ରୁରୁ

ରଘୁନାଥ ସାହୁ

BLACK EAGLE BOOKS
2021

 BLACK EAGLE BOOKS
USA address:
7464 Wisdom Lane
Dublin, OH 43016

India address:
E/312, Trident Galaxy, Kalinga Nagar,
Bhubaneswar-751003, Odisha, India

E-mail: info@blackeaglebooks.org
Website: www.blackeaglebooks.org

First International Edition Published by
BLACK EAGLE BOOKS, 2021

RURURU RURU
by **Raghunath Sahoo**
Balarampur, Kujang, Jagatsinghpur-754141

Copyright © **Raghunath Sahoo**

All rights reserved. No part of this publication may be reproduced, stored in a retrieval system, or transmitted, in any form or by any means, electronic, mechanical, photocopying, recording or otherwise without the prior permission of the publisher.

Cover: **Tanuj Mallick**
Inner B&W Art: **Sharanarabinda Ojha**
Interior Design: Ezy's Publication

ISBN- 978-1-64560-222-4(Paperback)

Printed in the United States of America

କୁନ୍‌ମୁନ୍ ହାତରେ:

ଯୋଉଦିନ ତୋ ବୋଉ କହିଲା
ତୁ ଆସିବୁ ବୋଲି,
ଖୁସି ମୋର ସୀମା ଟପିଥିଲା
ସପନେ ହଜିଲି ।

କାହାର ମୁହଁ ତୋଳି ଆଣିବୁ
ବୋଉ ନା ବାପାର,
ମାମୁଘର ଜେଜେ ଜେଜୀମା କି
ଏ ଘରୁ କାହାର ।

ତୋ ଆସିବାର ଖବର ପାଇ
ଘରେ ଓ ବାହାରେ,
କେତେ ପ୍ରଶ୍ନ କେତେ ପାଞ୍ଜି ଦେଖା
ଶୁଭ ମୁହୂର୍ତ୍ତରେ ।

ଜହ୍ନଠୁ ରୂପ ଚୋରି କରିଛୁ
ରଙ୍ଗ ଜୋଛନାରୁ ,
ମୁହଁ ଲାଜୁଆ ନୀଳକଇଁରୁ
ହସଟି ଫୁଲରୁ ।

କେତେକେତେ କଙ୍କି ପ୍ରଜାପତି
ଧରା ଦେଇଛନ୍ତି ,
ତୋରି ଟିକି ହାତ ପାପୁଲିରେ
ଛବି ଆଙ୍କିଛନ୍ତି ।

ତୁ କେତେବେଳେ ମୋରି କାନ୍ଧରେ
ଚାନ୍ଦ ଦେଖୁ ବସି,
ତୋ ଓଠରେ ହସର ଜୁଆର
ଦେଲେ ଟିକେ ହସି ।

ବର୍ଷା ସୁଅରେ କାଗଜ ଡଙ୍ଗା
ଭସାଇବା ବେଳେ ,
ଅବା ବୋହୂଚୋରି ପୁଚିଖେଳ
ବରଗଛ ତଳେ ।

ଅବା ତୁ ଲେଖି ବସୁଥିଲେ କି
ଚିତ୍ର ଆଙ୍କୁଥିଲେ,
ମୋ ଆଖିର ସ୍ୱପ୍ନ ତୋ ଆଖିରେ
ଲୁଚକାଳି ଖେଳେ ।

ଏବେ ଦୁନିଆକୁ ବୁଝିଲୁଣି
ସତ ଜାଣିଲୁଣି ,
ନିଜ ଅନ୍ତରର ଆହ୍ୱାନକୁ
ନିଜେ ଶୁଣିଲୁଣି ।

ବାସ୍, ଏବେ ତ ଯିବାର ବେଳ
ତୋ କର୍ମଭୂମିକୁ ,
ସାଇତି ରଖିବୁ ସ୍ମୃତି ଫୁଲ
ରୁରୁରୁ ରୁରୁ କୁ ।।

- ବାପା -

କଥା ଦି ପଦ

ଶିଶୁ ଓ କିଶୋର ଆସନ୍ତାକାଲିର ସମ୍ଭାବନା। ଏହି ବୟସରେ ସେ ନିଜକୁ ଗଢ଼େ। ଭବିଷ୍ୟତର ବିରାଟ ବୋଝ ବୋହିବାକୁ ସଂକଳ୍ପ କରେ। ନିଜ ଭିତରେ ଉକୁଟି ଉଠୁଥିବା ଆଭାସ ଓ ଆବେଦନକୁ ସେ ପରିପ୍ରକାଶ କରିବାକୁ ଚାହୁଁଥିବାବେଳେ ତାହାକୁ ଆହୁରି ତରଙ୍ଗାୟିତ କରିବା ପାଇଁ ଆମେ ବଡ଼ମାନେ ତାଙ୍କପାଇଁ ବାଡ଼ ନ ହୋଇ ମଶାଲ ପାଲଟିଲେ , ସେମାନେ ସହଜରେ ଅନ୍ଧାର ପଥ ଅତିକ୍ରମ କରିପାରିବେ।

ଶିଶୁଟି ପଢ଼ିବସିଲେ ଆଉ ଏକ ଦୁନିଆରେ ପହଂଚିଯାଏ। ପ୍ରତିପୃଷ୍ଠାରେ ତା ଚାରିପାଖରେ ବାପାବୋଉ, ସାଙ୍ଗସାଥୀ, ପରିବାର ବ୍ୟତିରେକ ଆଉ କେତେକ ଚରିତ୍ର ଓ ଘଟଣାକ୍ରମ ତାକୁ ଆକର୍ଷିତ କରିଥାଏ। ଦୁନିଆକୁ ଜାଣିବସେ। ନିଜର ସ୍ଥିତି ଅବସ୍ଥିତିକୁ ବୁଝିପାରେ। ଗଛ, ପାହାଡ଼, ନଦୀ, ସାଗର, ଆକାଶ, ମାଟିରେ ଗଢ଼ି ହେଉଥିବା ଜୀବନମାନଙ୍କୁ ଜାଣି ନିଜ କଅଁଳ ଆଖିରେ କଳ୍ପନା କରିବସେ ଓ ସାତରଙ୍ଗରେ ରଙ୍ଗେଇବାକୁ ଚେଷ୍ଟାକରେ। ଶାସନ ଅନୁଶାସନର ଅର୍ଗଳି ମଧ୍ୟରେ ଅସରନ୍ତି ପାହାଚରେ ପାଦ ଥାପିବାକୁ ପଛାଏନି।

ପ୍ରତିଯୋଗିତାର ପୃଥିବୀରେ ପାରିଲା ପଣିଆର ପାରଦର୍ଶିତାକୁ ପ୍ରତିପାଦନ କରିବାକୁ ଆଶା ବାନ୍ଧେ। ଜୀବନ କାନ୍‌ଭାସ୍‌ରେ ଚିତ୍ରିତ ଦିଗକୁ ସ୍ୱତନ୍ତ୍ର କରିବାର ସୁଯୋଗକୁ ହାତଛଡ଼ା କରେନା।

ଏଇ ସାଧନାର ଶୁଭବେଳାରେ ମୁଁ ନିଜ ବୟସରୁ ଝର୍କା ଦେଇ ଓହ୍ଲେଇ ଆସିଛି। ବୟସକୁ ପଛେଇ ଦେଇ ନିଜେ ଶିଶୁଟିଏ ପାଲଟି ତାଙ୍କ ହାତରେ ଧରେଇଦେବାକୁ ଚେଷ୍ଟା କରିଛି ଶିଶୁ କବିତା ଗୁଚ୍ଛ 'ରୁରୁରୁ ରୁରୁ' କୁ। ଶିଶୁମନରେ ଆମୋଦ ସହିତ ଆଗାମୀ କାଲିରେ ଏକଏକ ନାୟକ ହେବାକୁ ସଂକଳ୍ପ କରି ସଫଳତା ପାଇଁ ମୋ ହୃଦୟର ଆବେଦନ କବିତାଗୁଚ୍ଛ ଗୁଣ୍ଡୁଚିମୂଷାର ଭୂମିକା ନେବ ବୋଲି ଆଶା ବାନ୍ଧିଛି ।

ପୁସ୍ତକ ପ୍ରକାଶନ କ୍ଷେତ୍ରରେ ମୋ ଅଂଚଳର ମୋର ଅତିପ୍ରିୟ ଓଡ଼ିଶା ସାହିତ୍ୟ ଏକାଡେମୀ ପୁରସ୍କୃତ କବି ପୀତାମ୍ବର ତରାଇ, ସୁନାମ ଅର୍ଜନ କରିଥିବା ଅନ୍ତର୍ଜାତିକ ପ୍ରକାଶନୀ ସଂସ୍ଥା ବ୍ଲାକ୍ ଇଗଲ୍ ବୁକ୍‌ସ୍‌ର ଅଧ୍ୟକ୍ଷ ତଥା ବିଶିଷ୍ଟ କବି ଓ ଅନୁବାଦକ ସତ୍ୟ ପଟ୍ଟନାୟକ, ଅନ୍ୟତମ ସହଯୋଗୀ ଅଶୋକ ପରିଡ଼ାଙ୍କୁ କୃତଜ୍ଞତା ଜଣାଉଛି। ପୁସ୍ତକର ପ୍ରଚ୍ଛଦ ଶିଳ୍ପୀ ତନୁଜ ମଲ୍ଲିକ୍ ଭିତର ଚିତ୍ର ମୋ ମାଟି ମହକ ଶରଣାରବିନ୍ଦ ଓଝାଙ୍କ ଋଣକୁ ସ୍ୱୀକାର କରିବା ସହିତ ବଡ଼ଭାଇ ଡକ୍ଟର ଗଙ୍ଗାଧର ସାମନ୍ତରାୟ ଓ ପତ୍ନୀ ରୋଜାଲିନଙ୍କ ପ୍ରେରଣାକୁ ସ୍ମରଣ କରୁଛି।

ସର୍ବଶେଷରେ ଶିଶୁପର୍ବ ଶିଶୁଦିବସ ଅବସରରେ 'ରୁରୁରୁ ରୁରୁ'ଆତ୍ମପ୍ରକାଶ କରି ପାଠକମାନଙ୍କର ମନ କ୍ଷୁଧାକୁ ପ୍ରଶମିତ କରିବ ବୋଲି ଆଶା ରଖୁଛି।

- ରଘୁନାଥ ସାହୁ

ଫୁଲର ସୂଚିପତ୍ର

ପ୍ରଥମ ପାଖୁଡ଼ା **୧୧**
ବାପା ବୋଉ ୧୩
ମୁଁ ପାଠ ପଢ଼ିବି ୧୬
ବହି ମୋର ସାଥୀ ୧୯
ପାଠଶାଳା ୨୧
ମିଛ ଜମା କହିବିନି ୨୪
ଛୋଟ କେହି ନୁହେଁ ୨୭
ବଡ଼ ହେବା ପାଇଁ ୩୧
ମିଠା କଥା ୩୪
ଶୁଆ ଶାରୀ ୩୬
ଅଜାଙ୍କ ନିଶ ୩୮
ରୁରୁରୁରୁ: କଣ୍ଢେଇ ବାହାଘର ୪୦

ଦ୍ୱିତୀୟ ପାଖୁଡ଼ା **୪୩**
ଗଛଟିଏ ୪୫
ସ୍ୱଚ୍ଛ ଭାରତ ୪୯
ସଡ଼କ ନିୟମ ୫୨
ପଲିଥିନି ମନା ୫୪
ସଜାଡ଼ିବା ପରିବେଶ ୫୬
କଥା ମାନିବା ୬୦
ଛୋଟ ପିଲା ଭାବ ନାହିଁ ୬୨
ପରିବା କଳି ୬୪
ଶେଉଳ ଝୋଳ ୬୭
ରୁରୁରୁରୁ : ଏଣୁ ତେଣୁ ୭୦

ତୃତୀୟ ପାଖୁଡ଼ା **୭୩**
ଟିପୁ ଆଉ ସିପୁ ୭୫
ଖେଳକୁଦ ୭୭
ଛଅଟି କଥା ୮୦

କମ୍ପ୍ୟୁଟର	୮୨
କେତେରଙ୍ଗ	୮୪
ଆ ବରଷା ରାଣୀ	୮୬
ଚାଷୀ ଭାଇରେ	୮୯
କାଗଜ ଡଙ୍ଗା	୯୨
ଦଶଟି ପାରା	୯୪
ରୁରୁରୁରୁ: ସପନ ଦେଖା	୯୭

ଚତୁର୍ଥ ପାଖୁଡ଼ା ୧୦୧

ରଖିବା ରାଇଜ ନାଁ	୧୦୩
ଓଡ଼ିଶା ରାଇଜ	୧୦୬
ଜାତୀୟ ସଂପଭି	୧୦୮
ଭୁଲିବିନି କେବେ	୧୧୦
ସୈନିକ ହେବା	୧୧୩
କେଡ଼େ ସୁନ୍ଦର	୧୧୫
ବିଲୁଆ ନନା	୧୧୭
ଗଲାର ମାଳି	୧୧୯
ବଣ ନାଚ ଗୀତ	୧୨୧
ରୁରୁରୁରୁ: ପରୀ ଆସିଛି	୧୨୪

ପଂଚମ ପାଖୁଡ଼ା ୧୨୭

ଘର ଦେଖା	୧୨୯
ବରଗଛ	୧୩୧
ଅନାବନା	୧୩୩
ଗାଆଁ ଓ ନାଆଁ	୧୩୫
ସୁନା ଚଢ଼େଇ	୧୩୮
ଚକାଚକା ଭଉଁରୀ	୧୪୧
ଷୋଳ ଗାଆଁ ଗୀତ	୧୪୩
ପାରାଦ୍ୱୀପ ବନ୍ଦର	୧୪୬
ରୁରୁରୁରୁ: ପୁଷୀମୂଷୀ	୧୪୮
କୁନି ଠାକୁର	୧୫୧

ପ୍ରଥମ ପାଖୁଡ଼ା

ଶିଶୁ। ଅସୁମାରି ସମ୍ଭାବନାର ସାକାର ରୂପ ସେ। ଦରୋଟି ମନ। ମୁଲାୟମ୍ ଦେହ। ବହିଯିବା ପାଇଁ ଅପେକ୍ଷା ରଖିଥିବା ଛଳଛଳ ପ୍ରାଣ। ନିଜର ଭାବରେ ବୋଉକୁ ସେ ଗୋଟାପଣେ ଦେଖିଛି। ଆପଣାର ମଣିଷ ଭାବରେ ଠିକ୍ ବାପାଙ୍କୁ ଚିହ୍ନିଛି। ସେହି ବାପାବୋଉ ହୋଇଛନ୍ତି ଆରାଧ୍ୟ ଦେବଦେବୀ ତା' ପାଇଁ। ତାଙ୍କୁ ହୃଦୟ ଦେଇ ଭଲ ପାଇଲେ, ଦୁନିଆ ଦାଣ୍ଡରେ ସେ କେବେବି ଅଟକି ଯିବ ନାହିଁ। କୌଣସି ଅପରିଚିତ ବାଟ ତା'ଆଗରେ ଆସୁରିକ ଅନ୍ତରାୟ ସୃଷ୍ଟିକରିବ ନାହିଁ।

କବି ପ୍ରାଣ ଶିଶୁ ମାନସିକତାରେ ନିଜର ବୁଝାମଣା ସଂସାରକୁ ଶ୍ରୀମନ୍ଦିର ବୋଲି ବିଚାର କରିଛି। ବାପା ବୋଉଙ୍କୁ ଭାବିଛି ଆରାଧ୍ୟ ଦେବଦେବୀ ଭାବରେ। ଚଳନ୍ତି ଠାକୁର ଠାକୁରାଣୀଙ୍କ ପାଦଧୂଳି ମଥାରେ ଛୁଆଁଇବାକୁ ଅପେକ୍ଷା କରିଛି। ସେହିଠାରେ ହିଁ ଚାରିଧାମ ଦର୍ଶନର ପୁଣ୍ୟପ୍ରାପ୍ତି ବୋଲି ଷୋଳପଣ ମନେଇ ନେଇଛି। ପିତାମାତାଙ୍କ ନିରୁତା ଉପଦେଶକୁ ନେଇ ଶିଶୁ ପାଠ ପଢ଼ିବାକୁ ଚାହିଁଛି। ବହିକୁ ସାଥୀ କରିନେଇଛି। ସଚ୍ଚାବନ୍ଧୁ ଭାବରେ ବହିର ଉପଦେଶ ଭରା ସୂଚନାକୁ ଅକ୍ଷରେ ଅକ୍ଷରେ ମାନିନେଇଛି। ଫଳସ୍ୱରୂପ ତା'ର ବିଚାରର ସରହଦ ପ୍ରସାରିତ ହୋଇଯାଇଛି ଆଗକୁ ଆଗକୁ। ସେ

କେବଳ ବାପା ମା'ର , ପରିବାରର ନ ହୋଇ ହୋଇଛି ମାଟି ମା'ର , ଜାତିର, ଦେଶର, ସମଗ୍ର ମାନବ ସମାଜର। ପାଠପଢ଼ି ସେ ହୋଇପାରେ ସେବାବ୍ରତୀ ଡାକ୍ତର, ସୀମାରକ୍ଷକ ସୈନିକ, ନୂଆଭାବନାରେ ତଲ୍ଲୀନ ବୈଜ୍ଞାନିକ, କୁଶଳୀ କୃଷକ, ବୁଦ୍ଧିମାନ୍ ଯନ୍ତ୍ରୀ, ନିପେକ୍ଷ ବିଚାରକ, ଦେଶସେବୀ ପ୍ରଶାସକ ବା ନେତା।

ଶିଶୁ ମିଛୁଆ ହେଲେ ସଜଡ଼ା ଜୀବନ ଅସଜଡ଼ା ହୋଇଯାଏ। ମିଛ ଜୀବନକୁ ଘମାଘୋଟ ଅନ୍ଧାର ଭିତରକୁ ଘୋଷାଡ଼ି ନିଏ। ପରିଣତିରେ କେତେବେଳେ ମିଛୁଆ ରାଧୁଆର ଦୟନୀୟ ପରିଣତିକୁ ସାମନା କରିବାକୁ ପଡ଼େ। କବି ଶିଶୁଙ୍କୁ ସତ୍ୟବାଦୀ ହେବାକୁ ପ୍ରକାରାନ୍ତରେ ଉପଦେଶ ଦେଇଛନ୍ତି। ସର୍ବଦା ଗୁରୁଙ୍କର ଅମରବାଣୀ, ପିତାମାତାଙ୍କ ଅମୀୟ ବଚନକୁ ଗ୍ରହଣ କରିନେବାକୁ କହିଛନ୍ତି। ସେ କାହାକୁ ଛୋଟ ବୋଲି ଭାବିନାହିଁ। ଛୋଟ ଯେ ଅନେକ ଅନେକ ଫଳପ୍ରସୂର କାରଣ ହୋଇପାରେ ବୋଲି ବୁଝିପାରିଛି। ଏହି ବିଚାରଧାରା ତାହାକୁ ବଡ଼ ହେବାର ପ୍ରଶସ୍ତ ସରଣୀର ପଥିକ କରାଇଛି। ଉଦାର ହୃଦୟ ତାହାକୁ ନାଁ କଲା ନାଁ ରେ ପରିଣତ କରାଇଛି।

ଜାଗତିକ ମିଠା ଠାରୁ ବଚନର ମିଠା ଅମୂଲ ମୂଲ। ମିଠାବାଣୀ ମଣିଷର କେହି ଶତ୍ରୁ ନ ଥାନ୍ତି। ମିଠାକଥାର ମନ୍ତ୍ରରେ ସେ ହୋଇଥାଏ ସଦା ଅଭିମନ୍ତ୍ରିତ। ସେହି ମିଠାକଥା ଯେକୌଣସି ପରିସ୍ଥିତିରୁ ମଣିଷକୁ ମୁକୁଳାଇ ନିଏ। ପୁଣି ସ୍ୱାଧୀନ ହେବାକୁ ଓ ସ୍ୱାଧୀନ କରାଇବାକୁ ସେ ସଦା ତତ୍ପର ହୁଏ। ଅଙ୍କୁରିତ ଶିଶୁ ପ୍ରାଣ ମୁକୁଳିତ ଭାବୁକର ଅପେକ୍ଷା ରଖେ। କଣ୍ଢେଇ ବାହାଘର କରି ପରବର୍ତ୍ତୀ ଜୀବନର ସ୍ୱପ୍ନ ଦେଖେ।

ମୁକୁଳିତ ଫୁଲର ପ୍ରଥମ ପାଖୁଡ଼ାରେ କବି ଏଗାରଟି କବିତାରେ ନିଜ ମନର ଭାବନାକୁ ବ୍ୟକ୍ତ କରିବା ସହିତ ଶିଶୁମନ ପୁଲକିତ କଲା ଭଳି ଅନୁଚିନ୍ତାକୁ ବାଢ଼ି ବସିଛନ୍ତି।

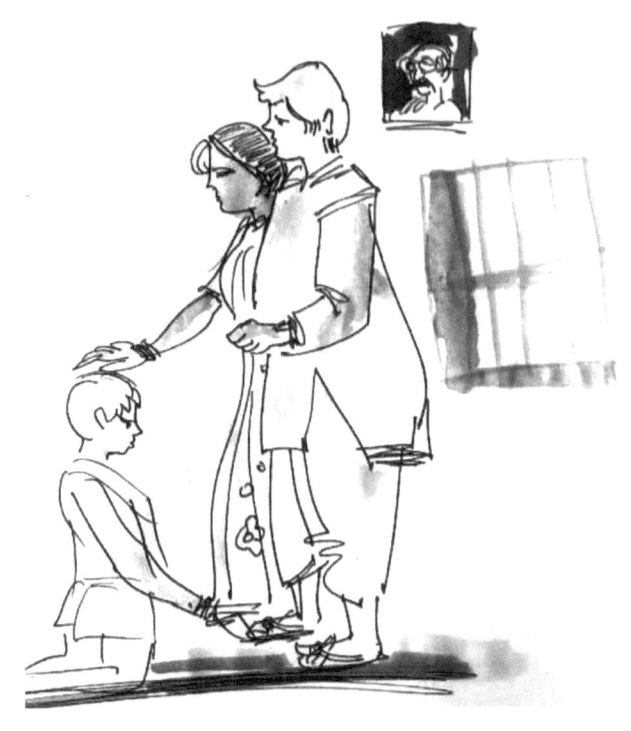

ବାପା ବୋଉ

ମୋ ବାପା ଠାକୁର ବୋଉ ଠାକୁରାଣୀ
ଘର ଆମ ଶ୍ରୀମନ୍ଦିର,
ପୂଜା ଫୁଲ ଦେଇ ନିତି ପୂଜୁଥିଲେ
ମଥା ଉଚ୍ଚା ହେବ ମୋର ।

ସିଏ ଆଣିଥିଲେ ଦୁନିଆକୁ ମୋତେ
ଚାଲିବା ଶିଖେଇଥିଲେ,
କଅଁଳପାଟିରେ ଖନିଖନି କଥା
କେତେ ମୋତେ କୁହାଇଲେ ।

ଆକାଶଠୁ ଉଚ୍ଚା ବସୁଧା ମାଆଠୁ
ବଡ଼ ମୋର ବାପା ବୋଉ,
ତାଙ୍କ ପାଦଧୂଳି ମଥାରେ ବୋଳୁଛି
ଜୀବନ ମୋ ଧନ୍ୟ ହେଉ ।

ପାପପୁଣ୍ୟର ଏ ସରଗ ମରତ
ଦେଖିନି ଠାକୁର କିଏ,
ମୋ ଆଖିରେ ଯିଏ ସପନ ଦେଖିଛି
ମୋ ପାଇଁ ଠାକୁର ସିଏ ।

ଚାଲୁଚାଲୁ ଯେବେ ଝୁଂଟି ମୁଁ ପଡ଼ିଛି
ଦୋଉଡ଼ି ଆସଇ ବୋଉ,
କାନ୍ଧରେ ବସି ମୁଁ ଚାନ୍ଦ ନିତି ଦେଖେ
ବାପାଙ୍କୁ ମୁଁ କହୁ କହୁ ।

ଏନ୍ତୁଡ଼ିଶାଳରେ ଜନମ କାଳରେ
ଯାହାଙ୍କୁ ପହିଲେ ଦେଖି,
ଦୁଇଟି ଛବି ମୁଁ ଆଙ୍କି ଦେଇଅଛି
ଆଖିରେ ରହିଛି ଲାଖି ।

ଯିଏ ଗାଳିଦିଏ କୋଳରେ ବସାଇ
ପୋଛିଦିଏ ପଣତରେ,
ମୋ ଆଖିରେ ଟୋପେ ଲୁହ ଜକେଇଲେ
ଲୁହ ବନ୍ୟା ତା ଆଖିରେ ।

ମୋ ବାପା ଠାକୁର ବୋଉ ଠାକୁରାଣୀ
ତାଙ୍କ ପାଦରେ ପ୍ରଣାମ,
ଯୋଉ ପାଦ ମୋର ପୁଣ୍ୟ ମହାପୁଣ୍ୟ
ଯୋଉ ପାଦ ଚାରିଧାମ ।

■

ମୁଁ ପାଠପଢ଼ିବି

ପାଠ ପଢ଼ି ବଡ଼ ଡାକ୍ତର ହେବି
ନିତିଦିନ ରୋଗୀ ସେବା କରିବି,
ଦୁଃଖୀରଙ୍କ ସେବା ଯତ୍ନ କରିବି
ଡାକ୍ତର ନାଆଁକୁ ଉଚ୍ଚା ରଖିବି ।

ପାଠପଢ଼ି ମୁଁ ଯେ ସୈନିକ ହେବି
ଦେଶର ସୀମାରେ ଜଗି ରହିବି,
ବନ୍ଧୁକ ଧରି ଲଢ଼େଇ କରିବି
ମାଟି ମାଆ ପାଇଁ ଜୀବନ ଦେବି ।

ପାଠପଢ଼ି ବୈଜ୍ଞାନିକ ହୋଇବି
ଦିନରାତି ଗବେଷଣା କରିବି,
ଦେଶ ହାତେ ନୂଆ ଭାବନା ଦେବି
ସାରା ଜଗତକୁ ଚମକାଇବି ।

ପାଠପଢ଼ି ଭଲ କୃଷକ ହେବି
ଜ୍ଞାନ କଉଶଳେ ଚାଷ କରିବି,
କ୍ଷେତେ ସୁନା ଫସଲ ଫଳାଇବି
ସମସ୍ତଙ୍କ ପାଇଁ ଆହାର ଦେବି ।

ପାଠପଢ଼ି ବଡ଼ ଯନ୍ତ୍ରୀ ହୋଇବି
ରାସ୍ତାଘାଟ ନଦୀ ପୋଲ ଗଢ଼ିବି,
କଳକାରଖାନା କଥା ବୁଝିବି
ସଭିଙ୍କ ବିଶ୍ୱାସ ଭାଜନ ହେବି ।

ପାଠପଢ଼ି ଜଣେ ପୋଲିସ ହେବି
ଚୋର ବଦମାସ ଖୋଜି ବାନ୍ଧିବି,
ଆଇନି କାନୁନ ସୁରକ୍ଷା ଦେବି
ପୋଲିସ ଜାତିର ଟେକ ରଖିବି ।

ପାଠପଢ଼ି ବିଚାରପତି ହେବି
ନିତି ନିରପେକ୍ଷ ନ୍ୟାୟ କରିବି,
ନ୍ୟାୟ ନିକିତିର ମର୍ଯ୍ୟାଦା ଦେବି
ଲୋକଙ୍କ ବିଶ୍ୱାସ ଆସ୍ଥା ଜିଣିବି ।

ପାଠପଢ଼ି ପ୍ରଶାସକ ହୋଇବି
ଦେଶ ରାଇଜର ସେବା କରିବି,
ଅସହାୟଙ୍କର ସହାୟ ହେବି
ଆଖିରୁ ତାଙ୍କର ଲୁହ ପୋଛିବି ।

ପାଠପଢ଼ି ବଡ଼ ନେତା ହୋଇବି
ନିର୍ବାଚନ ଲଢ଼ି ବିଜୟୀ ହେବି,
ଲୋକଙ୍କ ହିତରେ ଆଇନି ଗଢ଼ିବି
ଲୋକସେବା କରି ଜୀବନ ଦେବି ।

■

ବହି ମୋର ସାଥୀ

ଯିଏ ଭରିଦିଏ ମନରେ ସରସ
 ଜାଳିଦିଏ ଜ୍ଞାନଜ୍ୟୋତି ,
ଯିଏ ଜୀବନରେ ସାହାରା ସାଜଇ
 ସିଏ ମୋର ବହିସାଥୀ ।

ନିରୋଳା ବେଳାର ଅନ୍ତରଙ୍ଗ ସିଏ
 ହୃଦୟକୁଛୁଇଁ ଯାଏ,
ତା ଦେହର ପ୍ରତିପୃଷ୍ଠା ମୋ ମନରେ
 ନୂଆସ୍ୱପ୍ନ ବୁଣି ଦିଏ ।

ଅସମାହିତ କି ଅବୁଝା ହୋଇଲେ
 ସମାଧାନ କରେ ବହି,
ବହି ପଢ଼ିପଢ଼ି ଯାହା ମୁଁ ଶିଖଇ
 ବିକଳ୍ପ ତାହାର ନାହିଁ ।

ଜ୍ଞାନ ବିଜ୍ଞାନର ଗନ୍ତାଘର ସିଏ
ତା ସାଥେ ରହିଲେ ମଜ୍ଜି,
ସମୁଦ୍ର ମନ୍ଥନୁ ମିଳିଗଲା ପରି
ପୀୟୂଷ ପାଇବ ଖୋଜି ।

ବିନ୍ଦୁଟିଏ ହୋଇ ଶିକ୍ଷା ମହାସିନ୍ଧୁ
ପାରି ହେବାର ସାହସ,
ମନ ହୃଦୟକୁ କିମିଆ କରଇ
ବଢ଼ାଇଥାଏ ବିଶ୍ୱାସ ।

ଯୋଗ୍ୟତା ପାହାଚ ଗଢ଼ିଦିଏ ବହି
ଜୀବନ କର୍ମକ୍ଷେତ୍ରରେ,
ହାତ ଧରିନିଏ ଆଗକୁ ଯିବାକୁ
ସମୟ ମହାସ୍ରୋତରେ ।

ପରାକାଷ୍ଠା ଆଉ ପାରଦର୍ଶୀତାକୁ
ପ୍ରତିପାଦନର ପାଇଁ ,
ସଫଳତା ସହ ମନ୍ତ୍ର ଦେଇ କାନେ
ସମାଧାନ କରେ ବହି ।

ପିତାମାତା ଆଉ ଗୁରୁଙ୍କର ଶିକ୍ଷା
ଜୀବନେ ଯେପରି ଶ୍ରେୟ,
ସେହିପରି ଶେଷ ନିଃଶ୍ୱାସ ପର୍ଯ୍ୟନ୍ତ
ବହିଟି ମୋହରି ପ୍ରିୟ ।

ପାଠଶାଳା

ଯୋଉଠି ନିତି ମୁଁ ପଢୁଛି ପାଠ
ଯିଏ ଦେଖାଉଛି ବଢ଼ିଆ ବାଟ,
ଯୋଉଠି ଜୀବନ ଗଢ଼ି ହେଉଛି
ଭୁଲ୍ କରି କେତେ ଖାଉଛି ଛାଟ
ସେ ପ୍ରିୟ ପାଠଶାଳା ମୁଁ ତା ଚାଟ।

ଯୋଉଠି ଗୁରୁଜୀ ଗୁରୁମା ଥାଇ
ଜ୍ଞାନ ଅରଜନ କରିବା ପାଇଁ,
ନିଅନ୍ତି ଆଗକୁ ବାଟ କଢ଼ାଇ
ମନଲାଖି ସାଥୀ ଯୋଉଠି ଭେଟ
ସେ ପ୍ରିୟ ପାଠଶାଳା ମୁଁ ତା ଚାଟ ।

ଯୋଉଠି କଷୁଚି କେତେ ଗଣିତ
ପଢୁଛି ବିଜ୍ଞାନ କଥା ସାହିତ୍ୟ,
ଆଙ୍କେ ଚିତ୍ରାଙ୍କନ ଶିଖେ ସଙ୍ଗୀତ
ଯୋଉଠି ଭଲ ମୁଁ ସେଇଠି ଦୁଷ୍ଟ
ସେ ପ୍ରିୟ ପାଠଶାଳା ମୁଁ ତା ଚାଟ ।

ଯୋଉଠି ଗୁରୁଜୀ ଖେଳ ଖେଳାନ୍ତି
ଅଳସପଣ ମୋ ଭାଙ୍ଗିଦିଅନ୍ତି,
ପାଖେପାଖେ ଜଗି ରହୁଥାଆନ୍ତି
ଯୋଉଠି ଥିଲେ ମୁଁ ଜାଣେନି କଷ୍ଟ
ସେ ପ୍ରିୟ ପାଠଶାଳା ମୁଁ ତା ଚାଟ ।

ଯୋଉଠି ଶୃଙ୍ଖଳା ଜ୍ଞାନ ରହିଛି
ଜାତୀୟତାବୋଧ ମନ୍ତ୍ର ମିଳୁଛି,
ଉଚ୍ଚନୀଚ ଭେଦଭାବ ଭୁଲିଛି
ଯୋଉଠି ସପନ କେଡ଼େ ବିରାଟ
ସେ ପ୍ରିୟ ପାଠଶାଳା ମୁଁ ତା ଚାଟ ।

ଯୋଉଠି ଈଶ୍ୱର ରୂପରେ ଗୁରୁ
ଯାହାକୁ ମନ୍ଦିର ବିଚାର କରୁ,
ଯିଏ ବେଶି ଉଚ୍ଚା ସରଗଠାରୁ
ଯୋଉଠି ଛୁଇଁଛି ଖଡ଼ି ସିଲଟ
ସେ ପ୍ରିୟ ପାଠଶାଳା ମୁଁ ତା ଚାଟ।

ଯୋଉଠି ମୋ ଗାଆଁ ଶେଷ ହୋଇଛି
ଯୋଉଠି ପାହାଡ଼ ମଥା ଟେକିଛି,
ଯୋଉଠି ଝରଣା ଗୀତ ଗାଉଛି
ଯୋଉଠି ଅଙ୍କା ମୋ ଜୀବନ ଫଟୋ
ସେ ପ୍ରିୟ ପାଠଶାଳା ମୁଁ ତା ଚାଟ।

ଯୋଉଠି ରହିଚି ନିଆରା ସ୍ମୃତି
ସାଙ୍ଗସାଥୀ କେତେ ଭାବ ପୀରତି,
ଯା ପାଇଁ ଲେଖିବି ଅତୀତ ଗୀତି
ଯୋଉଠୁ ପାଇଲି ମୁଁ ନୂଆ ବାଟ
ସେ ପ୍ରିୟ ପାଠଶାଳା ମୁଁ ତା ଚାଟ।

■

ମିଛ ଜମା କହିବିନି

ମିଛ ଜମା କହିବିନି
ମିଛ ଜମା କହିବିନି
ଯିଏ ସଦାବେଳେ ମିଛ କହୁଥିବ
ତା ମିଛକୁ ସହିବିନି
ମିଛ ଜମା କହିବିନି ।

ମିଛ ଅଟେ ମହାପାପ
ବିଷଧର କାଳସର୍ପ
ଅନ୍ୟକୁ ଠକି ଯେ ନିଜକୁ ଠକୁଛି
ତା ସହିତ ମିଶିବିନି
ମିଛ ଜମା କହିବିନି ।

ମିଛ କହିଦେଲେ ଥରେ
ନିଜ ଛାଇ ଦେଖି ଡରେ
ମିଛକୁ ଲୁଚେଇ ପୁଣି ମିଛ କହି
ବଡ଼ ମିଛୁଆ ହେବିନି
ମିଛ ଜମା କହିବିନି।

ମିଛୁଆ ରାଧୁଆ କଥା
ଭାବିଲେ ମନରେ ବ୍ୟଥା
ମିଛ କହି ବାଘ ମୁହଁରେ ଗଲା ସେ
ଗାଆଁ ଲୋକ ଶୁଣିଲେନି
ମିଛ ଜମା କହିବିନି।

ମିଛ କହି ଖସିଯିବା
ମନେମନେ ଖୁସି ହବା
ପଛରେ ସେ ମିଛ ବଡ଼ ପାପ ହେଇ
ପଛ କେବେ ଛାଡ଼ିବନି
ମିଛ ଜମା କହିବିନି।

ମିଛଠୁ ଦୂରେ ରହିବି
ସତ୍ୟର ପଥିକ ହେବି
ପାଠ ପଢ଼ିସାରି ସେବା କରୁଥିବି
ପରନିନ୍ଦା ଶୁଣିବିନି
ମିଛ ଜମା କହିବିନି।

ମିଛ ନରକ ଯେ ଜାଣି
ମାନିବି ଗୁରୁଙ୍କ ବାଣୀ
ପିତାମାତା ଆଉ ଗୁରୁଜନ କଥା
ଶୁଣି ଦିନେ ହେବି ଗୁଣୀ
ମିଛ ଜମା କହିବିନି।

ମିଛ ନ କହିବା ପାଇଁ
ପଣ କରୁଅଛି ମୁହିଁ
କଥା ଦେଉଅଛି ମଥା ଛୁଇଁକିରି
ଅବାଟେ ଜମା ଯିବିନି
ମିଛ ଜମା କହିବିନି।

ଛୋଟ କେହି ନୁହେଁ

ଛୋଟ ମଞ୍ଜିଟିଏ ପୋତିଲେ
      ଦୁଇ ପତର ଦିଏ,
ତାହାକୁ ଯତନ କରିଲେ
      ବଡ଼ ଗଛଟି ହୁଏ ।
ଆଜିର ଛୋଟିଆ କଢ଼ିଟି
      କାଲି ହୁଅଇ ଫୁଲ,
ଗଛର ଛୋଟିଆ କଷିଟି
      ବଢ଼ିଗଲେ ସେ ଫଳ ।

ଛୋଟିଆ କଳସ ଘଡ଼ିଟି
ଆମ୍ବ ପତରେ ସଜା,
ଦେଉଳ କି ଘର ଦୁଆରେ
ପଡ଼େ ନିଇତି ଖୋଜା ।
ଛୋଟିଆ ବାଛୁରୀ ବଢ଼ିଲେ
ଦିନେ ହୋଇବ ଗାଈ,
ଛୋଟ କଥାକୁ ନ ଧରିଲେ
କଳି ଜମାରୁ ନାହିଁ ।

ଛୋଟ ଛୋଟ ବିନ୍ଦୁ ଜଳରେ
ସିନ୍ଧୁ ଲହଡ଼ି ଖେଳେ,
ଛୋଟ ଧୂଳିକଣା ମିଶିଲେ
ବଡ଼ ପାହାଡ଼ ତୋଳେ ।
ଛୋଟିଆ ସାପର ଜହର
ବୁଦ୍ଧିବଣା କରଇ,
ଛୋଟ ନଈ ସୁଅ ନଉକା
ଗତି ଅତି ବଢ଼ଇ ।
ଛୋଟିଆ ମଣ୍ଡୁକ ରଡ଼ିଲେ
ତୋଷ ଇନ୍ଦର ରଜା,
ମେଘ ବରଷିଲେ ସବୁଜ
ଧରା ହସେ ପରଜା ।

ଛୋଟ ବତିଟିଏ ଜଳିଲେ
	ଅନ୍ଧାର ହଟିଯାଏ,
ଛୋଟକୁ ଆଦର କରିଲେ
	ବଡ଼ ସମ୍ମାନ ପାଏ।

ଛୋଟଛୋଟ ମଣି ମୁକୁତା
	ମୂଲ ଅମୂଲ ମୂଲ,
ଛୋଟିଆ ରତନ ପଥର
	କେ ନୁହେଁ ତାର ତୁଲ।
ଛୋଟ ବାଲୁତର ଦରୋଟି
	ହସ ସଂସାରେ ସାର,
ଛୋଟ ପାଟିର ଖନି କଥା
	ଶୁଣିବାକୁ ମଧୁର।
ଛୋଟ ଜହ୍ନ ଉଇଁ ଆସିଲେ
	ଆକାଶ ହସୁଥାଏ,
ଜୋଛନା ଚାଦର ବିଛେଇ
	ମତୁଆଲା କରାଏ।
ଛୋଟ ଲେଖନୀ ଦେଖିବାକୁ
	ମହାକାବ୍ୟ ଲେଖଇ,
ଛୋଟମନା ହେଲେ ସଂସାରେ
	ଅପଯଶ ମିଳଇ।

ଛୋଟ ନାଗରାଟି ବାଜିଲେ
           ବଡ଼ ଖବର ମିଳେ,
ଛୋଟ ସୂତାଟିଏ ଗୁନ୍ଥଇ
           ମାଳ ଅସଂଖ୍ୟ ଫୁଲେ ।
ଛୋଟ ଦାଆଟିଏ କାଟଇ
           ଧାନ ହସଇ ଖଳା,
ଛୋଟ ଚାଷୀଟିର ହାତରେ
           ଗଢ଼ା ସଂସାର ଭେଳା ।
ଛୋଟ ପାନଖିଲ ଆଇକୁ
           ଦିଏ ନାତିଆ ଟୋକା,
ପାକୁଆ ପାଟିର ଆଶିଷ
           ହୁଏ କପାଳ ଲେଖା ।
ଛୋଟ ଅଭିମାନ ମିଳାଏ
           ଟିକେ ମିଠା କଥାରେ,
ଛୋଟ କେହି ବୋଲି ଭାବନା
           ଏହି ବଡ଼ ସଂସାରେ ।

ବଡ଼ ହେବା ପାଇଁ

ବଡ଼ହେବା ପାଇଁଟି
ବଡ଼ଲୋକଙ୍କ କଥା ମାନିବା
ବଡ଼ ଭାବନା ମନେ ଆଣିବା
ବଡ଼ ତା ନାଆଁ ଥୁଆଟି
ବଡ଼ ହେବା ପାଇଁଟି ।

ବଡ଼ ସେବାଟି ଏହା ବୁଝିବା
ଭୋକିଲାପେଟ ଭୋକ ଦେଖିବା
ବଡ଼ କାମଟି ଏପରି ଥାଇ

ପର ସେବାରେ ସମୟ ଦେଇ
ବଡ଼ ବିଚାର ଶକତି ଯା'ର
ତା ପରି କେହି ନାହିଁଟି
ବଡ଼ ହେବା ପାଇଁଟି ।

ବଡ଼ ମଣିଷ ଲକ୍ଷଣ ଯା'ର
ପର ନିନ୍ଦାଠୁ ରହଇ ଦୂର
ବଡ଼ କଥାରେ ସଭିଙ୍କ ମତ
ଲୋଡ଼ଇ ମନେ ନାହିଁ ଗୁପତ
ବଡ଼ ଆଦର ସଭିଙ୍କୁ କଲେ
ପର ଆପଣା ହୋଇଟି
ବଡ଼ ହେବା ପାଇଁଟି ।

ବଡ଼ ଶରଧା ମନରେ ନେବା
ଦୁଃଖୀ ରଙ୍କିଙ୍କ ଲୁହ ପୋଛିବା
ବଡ଼ ବିବାଦ ଦେବା ତୁଟାଇ
ଆପୋଷ ମିଳାମିଶା କରାଇ
ବଡ଼ଖୁସିରେ ବିତିବ ଦିନ
ସଭିଙ୍କ ମନ ମୋହିଟି
ବଡ଼ ହେବା ପାଇଁଟି ।

ବଡ଼ କଥାଟି ମନେ ଭାବଇ
ସମାଜସେବା କରିବା ପାଇଁ

ବଡ଼ ଦଣ୍ଡାରେ ଗଛ ଲଗାଇ
ପରିବେଶକୁ ସଜାଡୁ ଥାଇ
ବଡ଼ ନଈର ବଡ଼ ଜୁଆର
ଙ୍ଘେରଇ କୂଳ ଛୁଇଁଟି
ବଡ଼ ହେବା ପାଇଁଟି ।

ବଡ଼ ପବନ ଝଡ଼ ଆସିବ
ବନ୍ୟା କି ମହାମାରୀ ପଶିବ
ବଡ଼ ବିପଦ ଆସିବ ଯେବେ
ଅଂଟା ଭିଡ଼ିବା ନଡରି କେବେ
ବଡ଼ ଲଢ଼େଇ ଏକାଠି ହୋଇ
ଲଢ଼ିବା ଯୋଦ୍ଧା ହୋଇଟି
ବଡ଼ ହେବା ପାଇଁଟି ।

ବଡ଼ ପଣିଆ ସଦାବେଳକୁ
ଉଦାହରଣ ପରପିଢ଼ିକୁ
ବଡ଼ ହୃଦୟ ଖୋଲି ରଖିବା
ବଡ଼ଙ୍କ ପାଖେ ମଥା ନୋଇଁବା
ବଡ଼ ଆଶିଷ ପଡ଼ିବ ଝରି
ବଡ଼ ହୋଇବ ସେଇଟି
ବଡ଼ ହେବା ପାଇଁଟି ।

■

ମିଠାକଥା

ମିଠା ମିଠା କଥା କହିବ ଯାହାକୁ,
ନିକଟତର ସେ ହେବ,
ଶତ୍ରୁ ହେଉ ପଛେ ମିଠାକଥା ଶୁଣି
ତା ମନ ବଦଳିଯିବ ।

ମିଠାକଥା ଥିଲେ ହସହସ ମୁଖେ
ଅମୃତ ତୁଲ ପରଶ,
ସେ ପରଶମଣି ଛୁଇଁ ଦେଲେ ଥରେ
ଖଳଲୋକ ହୁଏ ବଶ ।

ମିଠା କଥା ମହାମନ୍ତର ଯେ ସିନା
ଯିଏ ଜୀବନରେ ଲୋଡ଼େ,
ଚିରକାଳ ଯା'ର ମନ ଫାଟିଅଛି
ମିଠାକଥା ମନ ଯୋଡ଼େ ।

ମିଠାକଥା ପଦେ ସାଙ୍ଗଙ୍କୁ କହିଲେ
ରାଗରକ୍ଷା ଛପି ଯାଏ ,
ନିଜ ସନ୍ତାନର ମିଠାକଥା ଶୁଣି
ବାପା ମନ ପୂରିଥାଏ ।

ମିଠାମିଠା କଥା ବୋଉକୁ କହିଲେ
ବୋଉ ମନ ହାଇଁପାଇଁ,
ରାଗିପାଚି ଯେତେ ଗାଳି ଦେଉଥିଲେ
ମିଠାମିଠା ଲାଗୁଥାଇ ।

ମିଠାକଥା ପଦେ ନ୍ୟାୟ ନିଶାପରେ
ନ୍ୟାୟ ବଦଳେଇ ଦିଏ,
ମିଠାକଥା ଶୁଣି ବାଦି ପ୍ରତିବାଦୀ
ହୃଦୟ ବଦଳି ଯାଏ ।

ମିଠାକଥା ନିଜ ପରିବାର ଆଉ
ସାଇ ପଡ଼ିଶାଙ୍କୁ ବାନ୍ଧେ,
ଏକମନ ହୋଇ ଏକ କଥାପାଇଁ
ସେନେହ ପୀରତି ଛନ୍ଦେ ।

ମିଠାକଥା ଧନ ଦରବକୁ ବଳି
ଅମୂଲ ମୂଲ ରତନ,
ସଦା ମିଠାକଥା ମୁଖେ ଥିବ ଯା'ର
ଜଗତ ଜିଣିବ ଜାଣ ।

ଶୁଆଶାରୀ

ଶିକାରୀ ବଣରୁ ଫେରୁଥିଲା
ଶୁଆଶାରୀ ଯୋଡ଼େ ଧରିଥିଲା,
ଏଘର ସେଘର ହେଇକିରି
କିଏ ନେବ ଡାକ ଛାଡୁଥିଲା ।

ଚାଉଳ ଦି ସେରେ ବୋଉ ଦେଲେ
ଶୁଆଶାରୀ ଆପଣାର କଲେ,
ରୁପା ପଞ୍ଜୁରୀ ବାପା ଆଣିଲେ
ଶୁଆଶାରୀଙ୍କୁ ଘରେ ରଖିଲେ ।

ଶୁଆଶାରୀ କଥା ଶିଖିଗଲେ
ମିଠାମିଠା ଗୀତ ଗାଉଥିଲେ,
ଆମରି ଘର ସୁଖଦୁଃଖରେ
ନିତିଦିନ ଭାଗି ହଉଥିଲେ ।

ବୋଉ ଦୁଧଭାତ ଖୋଇଦିଏ
ବାପା ମିଠାଫଳ ଥୋଇଦିଏ,
ଶୁଆଶାରୀ ସାଙ୍ଗେ ନିତି ଖେଳେ
ତାଙ୍କର ମୁଁ ଭଲ ମିତଟିଏ ।

ଦିନେ ମୁଁ ଦେଖିଲି ଶୁଆଶାରୀ
ଲୁହ ଝାରୁଛନ୍ତି ମନମାରି,
ପଚାରିଲି କାହିଁ କାନ୍ଦୁଅଛ
କିଏ ସୁଖ ତୁମ କଲା ଚୋରି ।

ଗଛ ଡାଳ ନୀଳ ଆକାଶରେ
ଉଡ଼ି ପାରିଲୁନି ଯଦି ଥରେ,
କେଉଁ ସୁଖ ରୁପା ପଞ୍ଜୁରୀରେ
ମୁକତି ପାଇଁକି ମନ ଝୁରେ ।

ଶୁଆଶାରୀଙ୍କର ଦୁଃଖ ଶୁଣି
ଖୋଲିଦେଲି ପଞ୍ଜୁରୀ କିଳିଣି,
ଶୁଆଶାରୀ ଯୋଡ଼ି ଗଲେ ଉଡ଼ି
ବାପା ବୋଉ ଖୁସି ହେଲେ ଜାଣି ।

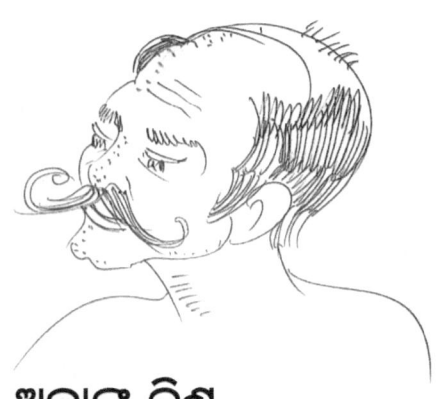

ଅଜାଙ୍କ ନିଶ

ଅଜାଙ୍କର ମୋ ଫୁଲୁକା ନିଶ
ଫୁଲିଗଲେ ନିଶ ଭାରି ଟାଆଁସ ,
ବାଘମାମୁ ନିଶଠାରୁ ସରସ
ଅଜାଙ୍କୁ ମୋଟୁରୁ ଅଶୀ ବରଷ ।

ବାରିକ ଆଇଲା ଖୁରକୁ ଧରି,
ଅଜାଙ୍କୁ ବସିଲା ଖିଅର କରି,
ଅଜା କହେ ଦାଢ଼ି କାଟିବୁ ଥିରି
ନିଶେ ଜମା ମାରିବୁନି କତୁରୀ ।

ନିଶ ଅଗ ଖାଲି ସାଇଜ୍ ହବ
ଦୁଇପଟ ନିଶ ମୋଡ଼ା ହୋଇବ,
କାଲା ବାରିକକି କଥା ଶୁଣିବ
କହିଲା କାଟିବି ନିଜେ ଦେଖିବ ।

ନିଶ କଟାବେଳେ ଆରିସି ଦେଖି
ବାରିକ ଉପରେ ଗଲେ ଚିହିଁକି,
ବାଆଁପଟ ନିଶ ଅଛି ଠିଇକି
ଡାହାଣ କାଟିଲୁ ଏତେ କାହିଁକି ?

ଡରିଲା ବାରିକ ଧରି କତୁରୀ
ଡାହାଣ ନିଶକୁ ଦେଲା ସେ ଘୋରି,
ଅଜା ବକିଗଲେ ଚିଲେଇକିରି
ଫାଳେ ନିଶ ମୋର କଲୁରେ ଚୋରି ।

କାଲା ବାରିକର ହାତ ଥରିଲା
ଆର ଫାଳକରୁ ଅଧା କାଟିଲା,
ଚତୁର ବାରିକ ବୁଦ୍ଧି ଖଞ୍ଜିଲା
ନିଶ କାହାଣୀକୁ ବଖାଣି ଗଲା ।

ରାମକୃଷ୍ଣଙ୍କର ନିଶ ନ ଥିଲା
ନିଶୁଆ ରାବଣ କଂସ ମରିଲା,
ଫିଲିମି ହିରୋଙ୍କ ନିଶ ଯେ ନାହିଁ
ତାଙ୍କ ଖାତିରି ତ କୁଆଡ଼େ କାହିଁ ।

ବୁଝିଗଲେ ଅଜା ତୁନି ପଡ଼ିଲେ
ନାକ ତଳ ନିଶ ସଫା କରିଲେ,
ଆଇ ଦେଖି ଫେଁ ଫେଁ ହସିଲେ
ରସିକିଆ ଅଜା ବୋକା ବନିଲେ ।

ରୁରୁରୁ ରୁରୁ : କଣ୍ଢେଇ ବାହାଘର

ରୁରୁରୁରୁରୁ ରୁ ରୁରୁରୁରୁରୁ
ସବାରୀ ଆସିଛି ଆର ଗାଆଁରୁ ,
ସଜାରେ ସଜାରେ ଘରକୁ ସଜା
ଝିଅ ବିଦାହୋଇବ ବାପଘରୁ ।

ଫୁଲ ଖଞ୍ଜିଖଞ୍ଜି ସଜାରେସଜା
ତେଲିଙ୍ଗୀ ବାଇଦ ବଜାରେ ବଜା,
ତୋଳାକନ୍ୟା ବେଦୀଟି ବାନ୍ଧିଅଛି
ନଈପାରି ଗାଆଁ ଜୁଆଇଁ ରଜା ।

ବାଡ଼ୁଅ ପାଣିରେ ଗାଧୁଆ ସାରି
ବାହା ପାଟ ପିନ୍ଧା ନ କରି ଡେରି ,
ପାଦରେ ଅଳତା ଲଗାରେ ଲଗା
ବରଘର ନେବେ କନିଆ ଧରି ।

ଶଂଖ ହୁଳହୁଳି ବନ୍ଦାଣ ଥାଳି
ଅନୁକୂଳେ ପକାଲୋ ହୁଳହୁଳି
ପଡ଼ିଶା ଝିଅଙ୍କ ଟାହିଟାପରା
ଭିତରେ ଯାଆନ୍ତି ସେ ଜଳିଜଳି ।

ରୁରୁରୁରୁ ରୁ ରୁରୁରୁରୁ
ଯାନିଯଉତୁକ ଯେ ସଜକରୁ,
ଯଉତୁକ ନବ ଅଠର ଗାଈ
ତଥାପି ହଉଚି ଗାରୁରୁଗାରୁ ।

ଡାକରେ ଡାକ ସାଇ ପଡ଼ିଶା
ଦିଅ ଖିରି ପୁରି ମଣ୍ଡା ଆରିସା,
ସଅଳ ସଅଳ ଭୋଜିଟା ସାର
ଅଦିନ ମେଘକୁ ନାହିଁ ଭରଷା ।

ବାଣଫୁଟା ଝିଅ ମନକୁ ଜାଣି
କୁଣିଆକୁ ଦିଅରେ ପଣାପାଣି,
ଗୋଡ଼ ଧୋଇକି ପିଢ଼ା ପାରି ବସା
ମିଠାଭାର ରଖରେ ଗଣିଗଣି ।

ଭିତରେ କନିଆ ଖୁସିରେ ଥିଲା
ବାହାରକୁ ଲୁହ ଝରାଇଦେଲା,
ସବାରୀ ଉଠିନି ବୋଉ ଡାକିଲା
କଣ୍ଢେଇ ବାହା ଅଧାରହିଲା ।

■

ଦ୍ୱିତୀୟ ପାଖୁଡ଼ା

ଗଛ । ଜୀବନ ଧାରଣର ମୂଳ ସ୍ୱର । ବଂଚିବାର ଆଦ୍ୟନିନାଦ । ତିଷ୍ଠି ରହିବାର ପ୍ରଣବ ସ୍ୱାକ୍ଷର । ସବୁଜିମାରେ ସେ ଚିତ୍ତ ଉଲୁସାଏ । ପ୍ରସ୍ଫୁଟିତ ସୁମନରେ ହୃଦୟ ବତୁରାଏ । ସଭିଙ୍କୁ ଭେଟି ଦେଇହୁଏ, ସେହି ରଙ୍ଗ ବେରଙ୍ଗର କୁସୁମକୁ । ଦେବଦେବୀଠାରୁ ଆରମ୍ଭକରି ସମ୍ବର୍ଦ୍ଧନା ପର୍ଯ୍ୟନ୍ତ ସେ ସବୁଠି ଲୋଡ଼ା ହୁଏ । ସେହି ଫୁଲ ପୁଣି ପରିପୃକ୍ତ ହୁଏ ବୀଜକୋଷରେ । ଖାଦ୍ୟଭାବରେ ଦେଖାଇଦିଏ ବ୍ରହ୍ମର ସତ୍ତାକୁ । ସଚରାଚର ଜୀବଜଗତର ବଂଚିବାର ସାହାନାଇ ନିନାଦିତ କରେ , ସୁଖ ସମୃଦ୍ଧି ଓ ଘରକରଣାକୁ ପାଛୋଟି ଆଣେ । ସହାୟ ହେଉ ହେଉ ସାହାରା ବନିଯାଏ । ଖାଦ୍ୟ କିମ୍ବା ମନୋରଞ୍ଜନ ଫରୁଆ ଫେଡ଼ି ନ ଦେଲେ ବି ବାୟୁ ଶୁଦ୍ଧତାର କାରଣ ସାଜେ । ଭୂଚର ଖଚରଙ୍କର ଆବାସସ୍ଥଳୀ ହୋଇ ପରିବେଶକୁ ସୁରକ୍ଷିତ କରେ ।

କେବଳ ଗଛ ନୁହେଁ ବରଂ ସ୍ୱଚ୍ଛତା ହିଁ ଆମ ସଭ୍ୟତାର ସୋପାନ । ସ୍ୱଚ୍ଛ ରହିବାକୁ ହେଲେ କେବଳ ନିଜର ଦେହ ମନ ନୁହେଁ ବରଂ ପରିବେଶକୁ ବଂଚିବାର ମାଫିକ କରିବାକୁ ହେବ । ସଫେଇର ସରଞ୍ଜାମକୁ ନିଜ ହାତକୁ ନେବାକୁ ପଡ଼ିବ । ଆମର ଚଳନ୍ତି ଠାକୁର ଗଜପତିଙ୍କର ଆହ୍ୱାନରେ ଆହ୍ୱାନିତ ହେବାକୁ କବି ସୂଚନା ଆକର୍ଷଣୀୟ । ସ୍ୱଚ୍ଛଭାରତ ଯେପରି ହୁଏ, ସମସ୍ତଙ୍କ ଜୀବନର

ବ୍ରତ। ଉକ୍ତ ଭାବଧାରାକୁ ନେଇ ସେଦିନର 'ନିଧିବୁଢ଼ା' କୁ ସ୍ମରଣ କରିବା ହିଁ କବିତାରେ ଅନୁରଣିତ।

ସଡ଼କ ସୁରକ୍ଷା ପାଇଁ ନିୟମାନୁମୋଦିତ ଜୀବନ, ଚାଳକ ମନସ୍କ ଅନୁଚିନ୍ତାରେ ନିମଜ୍ଜିତ ହେବାକୁ ଶିଶୁ ପ୍ରାଣକୁ କବି ସଚେତନ କରାଇଛନ୍ତି। ନିର୍ଣ୍ଣିତ ସ୍ଥାନରେ ପହଂଚିବା ପାଇଁ ଯଥାର୍ଥ ନିର୍ଣ୍ଣୟ ନେବାକୁ ମନାଇ ଦେଇଛନ୍ତି। ପଲିଥିନ ରୂପୀ ଜୀବନ ନାଶକାରୀ, ଭୂମି ପ୍ରଦୂଷିତ ଦ୍ରବ୍ୟଠାରୁ ଦୂରେଇ ରହିବାକୁ କହିଛନ୍ତି। ପରିଣତରେ ପରିବେଶ ହୋଇଯିବ ସଜଡ଼ା। ପରିବେଶ ସ୍ଥଳ, ଜଳ, ବାୟୁ ଆଦି ହେବ ଜୀବନ ଅନୁଗାମୀ।

ଜୀବନଧାରଣର ଧାରାକୁ ମନେଇବା ପାଇଁ ଅନେକ କଥା ମାନିବାକୁ ହେବ। ସେହି ମନା ମାନିଲେ ହିଁ ବଂଚିବାର ଧାରା ସୁଦୃଢ଼ ହେବ। ରୋଗ, ଶୋକ ଦୂରେଇଯିବ। ଛୋଟ ପିଲାକୁ ସାମାନ୍ୟ ମନେ କଲେ ଜୀବନର ଭବିଷ୍ୟତ ଅକଳନୀୟ ହୋଇଯିବ। ବରଂ ସେହିମାନଙ୍କୁ ପ୍ରୋତ୍ସାହିତ କଲେ ଆମେ ସଭ୍ୟତାର ସୋପାନରେ ଆଗେଇ ଚାଲିବା। ନିଜ ଶରୀରକୁ ସୁସ୍ଥ ରଖିବା ପାଇଁ ସେମାନେ ଯେପରି ସବୁ ପରିବା ଖାଇବାରେ ଆଗ୍ରହ ସୃଷ୍ଟି କରିବେ ସେଥିପାଇଁ ସତର୍କ ହେବା।

ଫୁଲର ଦ୍ୱିତୀୟ ପାଖୁଡ଼ାରେ କବି ଦଶଟି କବିତା ଶିଶୁଙ୍କ ଉଦ୍ଦେଶ୍ୟରେ ଭେଟିଦେଇ ନିଜର ସଂସ୍କାରମୁଖୀ ଅନୁଚିନ୍ତାକୁ ଉପସ୍ଥାପିତ କରିଛନ୍ତି।

■

ଗଛଟିଏ

ଗଛଟିଏ ଫୁଲ ଗଛଟିଏ ମୁଁ ଯେ
ଜଗତର ମିତଟିଏ,
ମୋ ସାଥୀରେ ଯିଏ ବସିଅଛି ମିତ
ସୁଖେଦୁଃଖେ ସାହାହୁଏ ।
ମୋ ଯତନ ନେଲେ ଦାଉଦାଉ ହେଇ
ନିତି ଫୁଲ ଫୁଟୁଥିବି,
ଦେଉଳକୁ ଗଲେ ଦିଅଁ ପୂଜିବାକୁ
ଫୁଲ ଚାଙ୍ଗୁଡ଼ାଏ ଦେବି ।
ମୋ ଫୁଲର ମାଳ ଦିଅଁଙ୍କ ଗଳାରେ
ଲମ୍ବି ଶୋଭା ପାଉଥିବ,
ସଭା ସମିତିରେ ମଂଚ ସଜା ଆଉ
ଫୁଲତୋଡ଼ା ଦିଆ ହବ ।

ଘର ଅଗଣାରେ ବଗିଚା ଭିତରେ
ପବନରେ ଖେଳି ଦୋଳି,
ବାସ ଚହଟିବ ଚଉଦିଗ ଯାକ
ଫୁଲ ପେନ୍ଥା ଭଳିଭଳି।

ଗଛଟିଏ ଫଳ ଗଛଟିଏ ମୁଁ ଯେ
ଜଗତର ମିତଟିଏ,
ମୋ ସାଥୀରେ ଯିଏ ବସିଅଛି ମିତ
ସୁଖେଦୁଃଖେ ସାହାହୁଏ।
ମାଟି କୋଡୁଥିବ ଖତ ଦେଉଥିବ
ନିତି ପାଣି ଢାଳୁଥିବ,
ବଡ଼ଗଛ ହୋଇ ବଢ଼ିବି ଯେମିତି
ଅସୁମାରି ଫଳ ନେବ।

ବାଡ଼ି ବଗିଚାରେ ଫଳୁଥିବି ନିତି
ରଖିବି ସୁରକ୍ଷା ବାଡ଼ ,
ପକ୍ଷୀ ଖୁମ୍ପୁଥିବେ ଅମାନିଆଙ୍କଠୁ
ଖାଉଥିବି ଟେକାମାଡ଼।
ନିତି ଆହାରରେ ସୁଆଦିଆ ଫଳ
ସାମିଲ କରିବ ଯେବେ,
ରୋଗ ନିରୋଧକ କ୍ଷମତା ବଢ଼ିବ
ନିରାଶ ହେବନି କେବେ।

ଗଛଟିଏ କାଠ ଗଛଟିଏ ମୁଁ ଯେ
ଜଗତର ମିତଟିଏ ,
ମୋ ସାଥୀରେ ଯିଏ ବସିଅଛି ମିତ
ସୁଖେଦୁଃଖେ ସାହାହୁଏ ।
ଗଣ୍ଡିରା କାଟିକି ଆସବାବପତ୍ର
ଗୋଟିଗୋଟି ଗଢୁଥିବ,
ପଲଙ୍କ ଚଉକି ମେଜ କେତେ ସଜ
ଘରେ ସଜେଇ ରଖିବ ।

ଚାଷୀଙ୍କୁ କ୍ଷେତରେ ପାଣି ଦେବା ପାଇଁ
ଡେଣ୍ଡା ହୋଇ ବହୁଥିବି,
ଦଣ୍ଡା ସାହି ବୁଢ଼ା ଶଗଡ଼ ହେଇକି
କେତେ ଜିନିଷ ବୋହିବି ।
ଭୋଜି ମଉଛବ ଗାଆଁ ଜନ୍ତାଲରେ
ଖନ୍ଦାଶାଳ ଜାଳ ହେବି,
ଅନ୍ୟର ମୁହଁରେ ହସ ଦେଖିବାକୁ
ନିଜେ ଜଳିଜଳି ଯିବି ।

ଗଛଟିଏ ଝଙ୍କା ଗଛଟିଏ ମୁଁ ଯେ
ଜଗତର ମିତଟିଏ ,
ମୋ ସାଥୀରେ ଯିଏ ବସିଅଛି ମିତ
ସୁଖେଦୁଃଖେ ସାହାହୁଏ ।

କାଉ, ବଣି, ଶୁଆ ଭଦଭଦଳିଆ
ବଗ, ହଳଦିବସନ୍ତ,
ନାନା ପକ୍ଷୀମାନେ କିଚିରିମିଚିରି
କୋଇଲିର କୁହୁ ଗୀତ ।
ଦଳଦଳ ହନୁମାଙ୍କଡ଼ ଏ ଡାଳୁ
ସେ ଡାଳ ମାରନ୍ତି ଡିଆଁ ,
ଖରାରେ ପଥିକ ମୁଣ୍ଡଝାଳ ପୋଛି
ମୋ ଛାଇରେ ଦଣ୍ଡେ ଠିଆ ।

ଗାଆଁକୁ ସୁନ୍ଦର ସବୁଜ ବନାନୀ
ଗଛ ଲଗାଇବା ମିତ,
ଅମ୍ଳଜାନ ଭରପୂର ରହିଥିଲେ
ପରିବେଶ ସୁରକ୍ଷିତ ।

ସ୍ୱଚ୍ଛ ଭାରତ

ବଡ଼ ମଣିଷଟି ହେବାରେ ହେବା,
ହାତେ ଝାଡୁ ଧରି ସଫା କରିବା ।

ଘର ବାରି ଦାଣ୍ଡ ସାହିକୁ ସାହି,
ସଫା କରିଦେବା ମନ ଲଗାଇ ।

ଅଳିଆ ମଇଳା ହଟାଇ ଦେବା,
ସାବଧାନରେ ପୋତିବା ପୋଡ଼ିବା ।

ପ୍ରଶଂସା କରିବେ ସାରା ଜଗତ,
ଗଢ଼ିବା ଆମେରେ ସ୍ୱଚ୍ଛ ଭାରତ।

ଓଡ଼ିଆ ଗରବ ଠାକୁର ରଜା,
ଛେରା ପହଁରାକୁ ଦେଖି ପରଜା।

ହାତେ ଝାଡୁ ତାଙ୍କ ସନ୍ଦେଶ ଏହି,
ଛୋଟ କାମ କିଛି ଜଗତେ ନାହିଁ।

ମନୋବଳ ଆମ ଦୃଢ଼ କରିବା,
ହାତେ ଝାଡୁଧରି ଅଂଟା ଭିଡ଼ିବା।

ସଫା ମନ ଆମ ଜୀବନ ବ୍ରତ,
ଗଢ଼ିବା ଆମେରେ ସ୍ୱଚ୍ଛ ଭାରତ।

ନାଳ ନରଦମା ଅଛି ଯୋଉଠି,
ମଶା ଡାଆଁଶଙ୍କ ଆଖଡ଼ା ସେଠି।

ଦାଣ୍ଡ ବାଡ଼ି ନାଳୀ,ସଫେଇ ଖାଲ,
ଅଳିଆ ଜମିଲେ ଡେଙ୍ଗୁକୁ ଭଲ।

ପ୍ରତିକାର ପାଇଁ ଏକାଠି ହେବା,
ନାଳ ନରଦମା ସଫା କରିବା ।

ଆଜି ହିଁ କରିବା ଆମେ ଶପଥ ,
ଗଢ଼ିବା ଆମେରେ ସ୍ୱଚ୍ଛ ଭାରତ ।

ଘର ଚାରିପାଖ ଅଳିଆ ହେଲେ,
ଅନାବନା ଘାସ ଲଟା ବଢ଼ିଲେ ।

ମଶାମାଛି ମୂଷା ପଲକୁ ପଲ,
କରିବେ ଆମକୁ କି କଲବଲ ।

ନିଧିବୁଢ଼ା ଗପ ମନେପକେଇ,
ଚାରିପାଖ ସଫା କରିବା ଯାଇ ।

ସପନ ଆମର ହୋଇବ ସତ,
ଗଢ଼ିବା ଆମେରେ ସ୍ୱଚ୍ଛ ଭାରତ ।

■

ସଡ଼କ ନିୟମ

ଆମେ କୁନିପିଲା କୁନିହାତ ଯୋଡ଼ି
କରୁଅଛି ଯେ ପ୍ରଣାମ,
ଘରୁ ବାହାରିକି ଗାଡ଼ି ଚଳାଇଲେ
ମାନ ସଡ଼କ ନିୟମ ।

ପାଣି ଫୋଟକାଏ ଦିଦିନ ଜୀବନ
କେହି ନୁହଁଇ କାହାର,
ନିଜେ ସାବଧାନ ନ ରହିବା ଯଦି
ବିପଦ ପଡ଼ିବା ସାର ।

ଗାଡ଼ିରେ ବସିବା ପୂର୍ବରୁ ପ୍ରଥମେ
ହେଲମେଟ୍ ପିନ୍ଧିନେବା,
ନିଜର ସୁରକ୍ଷା ନିଜେ କରିସାରି
ପରେ ଗାଡ଼ି ଚଳାଇବା ।

ସବୁ ଭାବନାକୁ ମନରୁ ଦୂରେଇ
ଚାଳକ ମନସ୍କ ହେବା,
ଆଗପଛ ଦେଖି କଡ଼କୁ ନିରେଖି
ଧୀର ସୁସ୍ଥ ହୋଇ ଯିବା ।

ଦ୍ରୁତ ଗତି ମହାବିପଦ ଅଟେ ଯେ
ନିଜ ଆୟତରେ ଚାଲ,
ଜମାରୁ ଯେ ନ ପହଂଚିବା ଅପେକ୍ଷା
ପଛେ ପହଂଚିବା ଭଲ ।

ଗାଡ଼ି ଚଳାଇବା ସମୟରେ କେବେ
ମୋବାଇଲି ନ ଧରିବା,
ଯେତେ ମୋବାଇଲି ବାଜୁଥାଉ ପଛେ
ଗାଡ଼ି ରଖି କଥାହେବା ।

ରହିଛି ନିୟମ ସଂକେତ ଯେତିକି
ପାଳନ କରିବା ସିନା,
ବଡ଼ବଡୁଆ ଯେ ଠିଆ ହୋଇଥିବେ
ଯମ ଦରଶନ ମନା ।

ଗାଡ଼ି ଚଳାଇଲେ ନିଶା ନ ଛୁଇଁବା
କରୁ ଏହି ଅନୁରୋଧ,
କୁନି ଅନୁରୋଧ ରଖିଥିବ ଯେବେ
ଆସିବ ନାହିଁ ବିପଦ ।

ପଲିଥିନ ମନା

ପଲିଥିନ ମୁଁ ଯେ ପଲିଥିନ
ମୋ କଥା କୋଉଠି କହିବନି,
ମଣିଷମାନଙ୍କ କ୍ଷତି ମୁଁ କରଇ
କେବେ ମୋତେ ଧରିପାରିବନି
ପଲିଥିନ ମୁଁ ଯେ ପଲିଥିନ ।।

ମାଟିରେ ପଡ଼ିଲେ ମିଶିବିନି
ପାଣିରେ ପଡ଼ିଲେ ପଚିବିନି,
ନିଆଁରେ ପୋଡ଼ିଲେ ବିଷଧୂଆଁ
ପରିବେଶ ଭଲ ରଖିବିନି
ପଲିଥିନ ମୁଁ ଯେ ପଲିଥିନ ।।

ବ୍ୟବସାୟୀ ଭାଇ ମୋର ବନ୍ଧୁ
   ମୋ ବଂଶବୃଦ୍ଧିର ମୂଳବିନ୍ଦୁ,
ସଉଦାରେ ଘରେ ପହଂଚିବି
   ଘର ପରିଷ୍କାର କରିବିନି
   ପଲିଥିନି ମୁଁ ଯେ ପଲିଥିନି ॥

ପଡ଼ିଆରେ ଉଡ଼ି ପଡ଼ିଥିବି
   ପଶୁ ଜନ୍ତୁଙ୍କ ଆହାର ହେବି,
ହଜମ ହେବିନି ରୋଗ କରି
   ଜୀବନ ତାଙ୍କର ରଖିବିନି
   ପଲିଥିନି ମୁଁ ଯେ ପଲିଥିନି ॥

ଏମିତି ବେଳାରେ ଜନମିଲି
   ଏଠି ଅମର ବର ପାଇଲି,
ନଦୀ ସାଗର ଗାଆଁ ସହର
   କାହାରି ପିଛା ମୁଁ ଛାଡ଼ିବିନି
   ପଲିଥିନି ମୁଁ ଯେ ପଲିଥିନି ॥

ମୋତେ ରୋକିବା ଅଛି ଆଇନି
   ହେଲେ ଆଇନ କିଏ ମାନୁନି ,
ଏବେଠାରୁ ମୋତେ ନଛାଡ଼ିଲେ
   ଆଗକୁ ନିସ୍ତାର ପାଇବନି
   ପଲିଥିନି ମୁଁ ଯେ ପଲିଥିନି ॥

ସଜାଡ଼ିବା ପରିବେଶ

ଆସ ଆସ ପିଲାମାନେ ଆସ ଆସ
ସଜାଡ଼ିବା ପରିବେଶ,
ସବୁଜ ହଜୁଛି ମାଟି ମା' କାନ୍ଦୁଛି
ହସୁନି ନୀଳ ଆକାଶ ।
ବାଡ଼ି ଅଗଣାରୁ ରାସ୍ତାକଡ଼ ଯେତେ
ନଦୀପଠା ଖାଲି ଯାଗା,
ଗାଆଁ ମୁଣ୍ଡ ତୋଟା ମୁଣ୍ଡିଆ ପାହାଡ଼
ମିଳିମିଶି ଗଛଲଗା ।
ଯୋଉ ଗଛଛାଇ ଆଶରା ଦଉଛି
ସେ କେବେଠୁ ରହିଅଛି,
ଯୋଉ ଫଳ ଆମେ ନିତି ଖାଉଅଛୁ
ଆଉ କିଏ ଲଗେଇଛି ।

ଯେମିତି ଆମେରେ ଗଛ ଲଗାଇବା
ଗଢ଼ିବା ପକ୍ଷୀଙ୍କ ବାସ,
ପକ୍ଷୀଗଣ ଯେବେ ଗାଇବେ ସଙ୍ଗୀତ
ଉଛୁଳି ପଡ଼ିବ ହସ ,
ଆସ ଆସ ପିଲାମାନେ ଆସ ଆସ
ସଜାଡ଼ିବା ପରିବେଶ ।

ଗଛ ଉଜୁଡୁଛି କଂକ୍ରିଟ ବଢୁଛି
ଖସୁଛି ଭୂତଳ ଜଳ,
କାରଖାନା ଧୂଆଁ ଧୂଳି ଉଡୁଅଛି
ବାୟୁ ପ୍ରଦୂଷଣ କାଳ ।
ବାୟୁ ପ୍ରଦୂଷଣ ସଜାଡ଼ି ନ ହେଲେ
ସବୁଜ ଧୂସର ହେବ,
ମଧୁରିଆ ଜଳ ସଂଚିତ ନୋହିଲେ
ଚାଷୀକୂଳ ଭାସିଯିବ ।

ପଡୁଛି ପ୍ଲାଷ୍ଟିକ୍ ପଲିଥିନ୍ ଜରି
ମାଟି ପାରୁନାହିଁ ଖାଇ,
ଜଳ ପ୍ରଦୂଷିତ ମାଟି ପ୍ରଦୂଷିତ
ଏହାକୁ ଦିଅ ଦୂରେଇ ।
ଆମ ଚାରିପଟେ ଯାହା ଘେରିଅଛି
ତାକୁ ସଜାଡ଼ିବା ଆସ,

ଅନ୍ୟର ହାତକୁ ଚାହିଁ ବସନାହିଁ
ନିଜ ହାତ ବଳକଷ,
ଆସ ଆସ ପିଲାମାନେ ଆସ ଆସ
ସଜାଡ଼ିବା ପରିବେଶ ।

ନଦୀ ଓ ସାଗର ସଙ୍ଗମ ସ୍ଥଳର
ଦୋକଷି ଜଳର ବଣ,
ତା ନାମ ହେନ୍ତାଳ ବଣ ମାଟିକୁ ସେ
କରିଥାଏ ସଂରକ୍ଷଣ ।
ନାଲି ଟହଟହ ସୁନ୍ଦରୀ, ଖରାଟି
ବନି, ରୁଅ, ଶିଶୁମାର,
ହେନ୍ତାଳ ବଣର ମାଟି ଧରା ଚେର
ବାତ୍ୟା ବନ୍ୟା ପ୍ରତିକାର ।
କୁମ୍ଭୀର, କଇଁଛ ବହୁ ପ୍ରଜାତିର
ସରୀସୃପ ମାଳମାଳ,
ଜଙ୍ଗଲ ବଢ଼ିଲେ ଜଙ୍ଗଲୀ ପଶୁଙ୍କ
ସୁରକ୍ଷା ଆଶ୍ରୟ ସ୍ଥଳ ।
ଆଗରୁ ଯେତିକି ଜଙ୍ଗଲ ଉଜାଡ଼ି
କରିଛେ ସବୁଜ ନାଶ,
ଆସ ସେହି ସ୍ଥାନେ ଗଛ ଲଗାଇବା
ରହିବ ଆମର ଯଶ,
ଆସ ଆସ ପିଲାମାନେ ଆସ ଆସ
ସଜାଡ଼ିବା ପରିବେଶ ।

ଜଳ ସ୍ଥଳ ବାୟୁ ପ୍ରଦୂଷଣ ରୋକି
        ଆମେ ସଚେତନ ହେବା ,
ସାମାଜିକ କୃଷି ବନୀକରଣକୁ
        ଅଧିକ ଗୁରୁତ୍ୱ ଦେବା ।
ନିଜ ଘର ନିଜ ଗାଁ ପରିବେଶ
        ସଫାସୁତରା ରଖିବା,
ସ୍ୱଚ୍ଛ ପରିବେଶ ଆପଣେଇଥିଲେ
        ସଭିଏଁ ସୁସ୍ଥ ରହିବା ।

ସବୁଜ ବଳୟ ଶୀତଳ ମଳୟ
        ଆମ ଜୀବନ ରକ୍ଷକ,
ଯାହା ଅଛି ତାକୁ ବଂଚେଇ ରଖିବା
        ନୂଆ ସୃଷ୍ଟି ଆବଶ୍ୟକ ।
ସାଙ୍ଗସାଥୀ ମିତ ସଖା ସହୋଦର
        ମେଳି ବାନ୍ଧି ଆସଆସ,
ସବୁଜ ବଳୟ ଗଢ଼ି ତୋଳିଥିଲେ
        ସଭିଙ୍କ ମୁହଁରେ ହସ,
ଆସ ଆସ ପିଲାମାନେ ଆସ ଆସ
        ସଜାଡ଼ିବା ପରିବେଶ ।

କଥା ମାନିବା

ଯେତେ ଭଲ ଖାଦ୍ୟ ତଳେ ପଡ଼ିଗଲେ
  ଉଠେଇକି ଖାଇବାନି,
ଯେତେ ସୁଆଦିଆ ହୋଇଥାଉ ପଛେ
  ବାସିଖାଦ୍ୟ ଛୁଇଁବାନି ।

ରାସ୍ତାକଡ଼ ବିକା ମାଛିବସା ଖାଦ୍ୟ
  ତେଲ ଭାଜି ନ ଖାଇବା,
ମାଆ ହାତରନ୍ଧା ନିତି ଖାଇବାକୁ
  ଘରେ ସଦା କହୁଥିବା ।

ବାହାରକୁ ଗଲେ ଗୋଡ଼ ନ ଧୋଇକି
  ଘରକୁ ପଶିବା ନାହିଁ ,
ଭଲକରି ହାତ ସାବୁନରେ ଧୋଇ
  ବସିବା ଖାଇବା ପାଇଁ ।

ଆକୁ ଖାଇବିନି ତାକୁ ଖାଇବିନି
ଖାଇବାରେ ରୁଷିବନି,
ଯାହା ଦେବେ ମାଆ ଆନନ୍ଦେ ଖାଇଲେ
ରୋଗ ପାଖ ପଶିବନି ।

ନଖ କାଟୁଥିବ ଚୁଟି କାଟୁଥିବ
ସଦା ସଫା ରହୁଥିବ,
ଖରା ବର୍ଷା ଶୀତ ଦିନ ହେଇଥାଉ
ସବୁଦିନେ ଗାଧୋଇବ ।

ମଇଳା ପୋଷାକ ପିନ୍ଧିବନି ଜମା
ସଫା ମୋଜା ପିନ୍ଧୁଥିବ,
ନିଜ ପୋଷାକକୁ ସଫାସଫି କରି
ନିଜେ ସଜାଡ଼ି ରଖିବ ।

ସକାଳ ସଞ୍ଜରେ ଖେଳକୁଦ କରି
ଦେହୁ ଝାଳ ବୁହାଇବ,
ପାଠପଢ଼ା ବେଳେ ନ ଖେଳିବ କେବେ
ଖେଳ ବେଳେ ଖେଳୁଥିବ ।

ଖାଇବା ପିଇବା ଖେଳିବା ପଢ଼ିବା
ନିତି ନିୟମ ମାନିବା,
ନୀରୋଗ ରହିବା ଭଲ ପାଠ ପଢ଼ି
ବଡ଼ ମଣିଷଟେ ହେବା ।

ଛୋଟ ପିଲା ଭାବନାହିଁ

ଆମକୁ ଛୋଟ ପିଲା ଭାବନାହିଁରେ
ଆମର ଭାବନାର ସୀମା ନାହିଁରେ
ବଡ଼ କାମକୁ ନିମିଷେ କରୁଛୁରେ
ଆମକୁ ଛୋଟ ପିଲା ଭାବନାହିଁରେ ।

ଚାରିଯୁଗ ପରେ ନୂଆ ଯୁଗଟିଏ
ଆସିଛିରେ କମ୍ପ୍ୟୁଟର ଯୁଗ ଇଏ
ଏଇ ଯୁଗେ ତାଳ ଦେଇ ଚାଲୁଛୁରେ
ଆମକୁ ଛୋଟ ପିଲା ଭାବ ନାହିଁରେ ।

ବଡ଼ମାନଙ୍କର କାମକୁ ଦେଖିଉ
ସେଥିରୁ ଯେ ଅନୁଭବ ନେଇଥାଉ
ଆମ ଆଗରେ ଭୁଲ୍ କର କାହିଁରେ
ଆମକୁ ଛୋଟ ପିଲା ଭାବ ନାହିଁରେ ।

ଦେଶ ବିଦେଶର ଖବର ରଖୁଛୁ
ସାରା ଦୁନିଆକୁ ପାଖରେ ଦେଖୁଛୁ
ଆମକୁ ଠକିବ କିଏବା କାହିଁରେ
ଆମକୁ ଛୋଟ ପିଲା ଭାବ ନାହିଁରେ ।

ଆମେ ଉଡ଼ାଜାହାଜେ ଉଡ଼ିବୁଲିବୁ
ଆମେରେ ପାଣି ଜାହାଜରେ ବୁଡ଼ିବୁ
ଆମେ ସୀମାନ୍ତରେ ହେବୁ ସିପାହୀରେ
ଆମକୁ ଛୋଟ ପିଲା ଭାବ ନାହିଁରେ ।

ଆମ ସପନ ବଡ଼ ମଣିଷ ହେବୁ
ଆମେ ହାତ ଆମ ଶାସନ କରିବୁ
ଜୀବନ ଦବୁ ଏଇ ଦେଶ ପାଇଁରେ
ଆମକୁ ଛୋଟ ପିଲା ଭାବ ନାହିଁରେ ।

ଆମେ କେବେ ଜାତି ଭେଦ ରଖିବୁନି
ଧରମ ନାଆଁରେ କେବେ ଲଢ଼ିବୁନି
ଦେଶ ପାଇଁ ଏକାଠି ଭାଇଭାଇରେ
ଆମକୁ ଛୋଟ ପିଲା ଭାବ ନାହିଁରେ ।

ଆମେ ସବୁ ମନଦେଇ ପାଠ ପଢୁ
ନିତି ନିୟମରେ ଜୀବନକୁ ଗଢୁ
ପର ସେବାରେ ଆମ ମନ ଥାଇରେ
ଆମକୁ ଛୋଟ ପିଲା ଭାବ ନାହିଁରେ ।

■

ପରିବା କଳି

ହାଟରେ ତଟକା ପରିବାଙ୍କର କଳି ଲାଗିଲା,
କଳି ଦେଖିବାକୁ ଦେଖଣାହାରିଙ୍କ ଭିଡ଼ ଜମିଲା ।
ପରିବାଙ୍କ ମଧ୍ୟେ କିଏ ସେ ବଡ଼ ଅଧିକ ଲୋଡ଼ା,
ନିଜ ଗୁଣ ନିଜେ ବଖାଣି କରୁଛନ୍ତି ଝଗଡ଼ା ।
ପରିବା ରଜା ବାଇଗଣ କହେ ଶୃଙ୍ଖଳା ଶିଖ,
ଜଣେ ଜଣେ ଆଗକୁ ଆସି ନିଜ ବୟାନ ରଖ ।

ନାଲି ଟୁକୁଟୁକୁ ଟମାଟୋ କହେ ମୋ କଥା ଶୁଣ,
ମୋଲାଗି ଚଟଣି ସାଲାଡ଼ ସୁଆଦିଆ ତିଅଣ ।
ହଜମରେ କରେ ସାହାଯ୍ୟ ହୃଦୟ ସୁସ୍ଥ ଥାଏ,
କେତେ ରୋଗ ଉପଶମ ଯେ ଶରୀର ଭଲ ରହେ ।

ହସି କହେ ଅମୃତଭଣ୍ଡା ଯେମିତି ମୋତେ ଖାଅ,
କଂଚା ପାଚିଲା ବ୍ୟବହାରରେ ଉପକାର ମୋ ପାଅ।
ପେଟ ରୋଗ ଦୂର କରଇ ଶକ୍ତି ବହୁତ ମିଳେ,
ତ୍ୱଚା ଦୃଷ୍ଟି ଶକ୍ତି ସୁରକ୍ଷା ହଜମ ହୁଏ ବଳେ।

ସଜନା ଛୁଇଁ କହଇ ମୁଇଁ ଶକ୍ତିର ଗନ୍ତାଘର,
ଖଣିଜ ତତ୍ତ୍ୱ ମିଳଇ ମୋତେ କରିଲେ ବ୍ୟବହାର।
ବହୁ ରୋଗର ପ୍ରତିରୋଧକ ମୋ ଭଜା ତରକାରୀ,
ଶକ୍ତି ବଢ଼ାଏ ରକ୍ତଚାପକୁ ରଖେ ମୁଁ ଠିକ୍ କରି।

ଗଡ଼ି ଯାଉଯାଉ କାଙ୍କଡ଼ କହେ ମୋ କଥା ଶୁଣ,
ଶ୍ୱେତସାର ପୁଷ୍ଟିସାର ମିଳେ ମୋ ପାଖରୁ ଜାଣ।
ବେଶି ବେଶି ଲାଭଦାୟକ ମୁଁ ଯେ ଲତାଜାତୀୟ,
ମଣିଷ ଶରୀର ଲାଗି ମୁଁ ଅତି ଆବଶ୍ୟକୀୟ।

ମଥା ଟେକୁଟେକୁ କଲରା ସଭିଏଁ ହସିଦେଲେ,
ପିତା ପିତା ବୋଲି ପରିବାମାନେ ହାଲା କରିଲେ।
ଦମ୍ଭେ କହେ କଲରା ମଧୁମେହ କରେ ଦମନ,
ରୁଚୁ ନ ରୁଚୁ ପିତା ଖାଅ ଦେହକୁ ହିତ ଜାଣ।

ଗାଜର କହିଲା ଖାଦ୍ୟରେ ମୁଁ ଯେ ବଡ଼ ଜରୁରୀ,
କଂଚା ଖାଅ ଅବା ହାଲୁଆ ମୁଁ ରୋଗ ନାଶକାରୀ।
ହୃଦୟ ପେଟ ସୁସ୍ଥ ରହେ କର୍କଟ ନିରୋଧକ,
କ୍ଳାନ୍ତପଣ ଦୂର କରଇ ବହୁ ରୋଗ ବାଧକ।

ପରିବା ରଜା ବାଇଗଣ କହେ ମୁଁ ପୁଷ୍ଟିକର,
ରୋଷେଇଶାଳରେ ନିଇତି ମୁଁ ପଡ଼େ ଦରକାର।
ଭେଣ୍ଡି, ଜହ୍ନି, ଶାଗ, ଛଚିନ୍ଦ୍ରା, କୋବି, ମୂଳା ପରିବା,
ଯେଝା ଗୁଣ ରଖି କହିଲେ ଆସ କଳି ସାରିବା।

ଚିକୁ ଶୋଇରହି ସପନ ଦେଖେ ପରିବା କଳି,
ପରିବା ନ ଖାଇ ମାଆଠୁ କେତେ ଶୁଣିଛି ଗାଳି।
ସପନ ଭାଙ୍ଗିଲା ଚିକୁର ଡାକିଲା ମାଆ ମାଆ,
ସବୁ ଜାଣିଗଲି ଆଜିଠୁ ମୋତେ ପରିବା ଖୁଆ।

ଶେଉଳ ଝୋଳ

ଅଜା ଯାଇଥିଲା ମାଛ ଧରିବାକୁ
ଜାଲ ଖେପାଟିଏ ନେଇ,
ବାରି ଅଛି ଆଜି ଆଈ ମନକରେ
ଆଇଁଷ ଖାଇବା ପାଇଁ ।

ନଈକୂଳେ ଅଜା ଜାଲ ପକେଇଲା
ପାଇଲା ଶେଉଳ ଗୋଟି,
କହିଲା ଆଈକି ଝୋଳ କର ଆକୁ
ଝଅଟ ବେସର ବାଟି ।

ଜରି ମୁଣିଟାରେ ଶେଉଳ ରଖିକି
କହିଲା ଆଈକି ଚାହିଁ,
ଦି ଖଣ୍ଡ ଭଜା ତୁ ଅଲଗା ରଖିବୁ
ପଖାଳ ଖାଇବା ପାଇଁ।

ଅଜା ଚାଲିଗଲା ନଈକି ଗାଧେଇ
ଆଈ ସଜବାଜ ହେଲା ,
ଶେଉଳ କାଟିବ ପାଉଁଶ ଖୋଜିଲା
ପନିକି ଆଣି ଥୋଇଲା।

ଜରିମୁଣି ଖୋଲି ଦେଖିଲା ବେଳକୁ
ଶେଉଳ ସେଥିରେ ନାହିଁ,
ଚାଳରେ ବଇଚି ଭୁଆଁ ବିଲେଇଟା
ଜିଭ ବୁଲଉଚି ଚାହିଁ।

ଆଈ କମ୍ପେଇଲା କେଡ଼େ କାମ କଲୁ
ଭୁଆଁ ଛୁ ମାରି ଦେଲା,
ଶିଳପୁଆ ଧରି ଭୁଆଁ ବିଲେଇର
ପଛେ ଆଈ ଗୋଡ଼େଇଲା।

କ୍ରୋଧେ ଜରଜର ଆଈ ତରତର
 ଶିଳପୁଆ ଫୋପାଡ଼ିଲା,
ଭୁଆଁ ଖସିଗଲା ଅଜା ଫେରୁଥିଲା
 ଅଜା ଗୋଡ଼େ ମାଡ଼ହେଲା ।

ସାଇ ଲୋକମାନେ ଦଉଡ଼ି ଆସିଲେ
 ଅଜାକୁ ଧରିଲେ ଯାଇଁ,
ଆଈ କହେ ଭୁଆଁ ଶେଉଳ ଚୋରକୁ
 ଆଜି ମୁଁ ଛାଡ଼ିବି ନାହିଁ ।

ଦେଖିଲାବେଳକୁ ଜରିରୁ ଖସିକି
 ଦାଣ୍ଡେ ଶେଉଳ ଖେଳଇ,
ସାଇ ପଡ଼ିଶାରେ ହସାହସି ହେଲେ
 ଆଈ ମୁଣ୍ଡ ଗଲା ନଇଁ ।

ରୁରୁରୁ ରୁରୁଃ ଏଣୁତେଣୁ

ରୁରୁରୁ ରୁରୁ ରୁ ରୁରୁରୁ ରୁରୁ
ଧନ ଶୋଇନି ନିଦ ନାହିଁ ଜମାରୁ ,
ନିଦ ମାଉସୀ ଦିଏ ନିଦ ପରଶି
ଓହ୍ଲାଇ ପକ୍ଷୀରାଜ ଘୋଡ଼ା ପିଠିରୁ ।

ତାଧିନ୍ ଧିନା ଧିନା ତାଧିନ୍ ଧିନା
ଆଈ ଖୋଲିଲା ଗପପେଡ଼ି ଖଜାନା,
ଗପ ସଇଲା ଯେବେ ନିଦ ଆଇଲା
ମିଠା ସପନ ନିଦ କରିଲା ବଣା ।

ଝୁମୁରୁ ଝାଇଁ ଝାଇଁ ଝୁମୁରୁ ଝାଇଁ
ଘାସ କେରାଏ କାଳି ଗାଈକି ଦେଇ,
ଖିର ପିଇବ ନିତି ବଳ ପାଇବ
କାଳିଆ ଘୋଡ଼ା ଦିନେ ଚଢ଼ିଆ ପାଇଁ ।

ତାରାରୁ ରାରା ରାରା ତାରାରୁ ରାରା
ବାରିରେ ଲଗା ଫଳ ପରିବା ଚାରା,
ପନିପରିବା ଆଉ ତଟକା ଫଳ,
ଶରୀର ସୁସ୍ଥ ହାତେ ଖୁସି ପସରା ।

ଉଦୁ ଉଦୁମା ଦୁମା ଉଦୁ ଉଦୁମା
ଖେଳିଆ ଚାଲ ଧରି ତାଳ ଗୋଟମା ,
ଆମରି ପୁଷୀ ଲୁଚି ବଇଚି ରୁଷି
ତା ପାଇଁ ବାଢ଼ ଭଜା ଭାତ ଡାଲମା ।

ମିଞ୍ଜିରି ମିଞ୍ଜା ମିଞ୍ଜା ମିଞ୍ଜିରି ମିଞ୍ଜା
ମାମୁ ଆଇଚି ନେଇ ସୁଆଦି ଖଜା ,
ବଡ଼ଙ୍କ କଥା ଯେବେ ମାନିଚଲିବୁ
ଦୁନିଆଁ ଦାଣ୍ଡେ ତେବେ ହୋଇବୁ ରଜା ।

ରୁମ୍‌କୁ ଝୁମା ଝୁମା ରୁମ୍‌କୁ ଝୁମା
ଧନମଣି ମୋ ଆଉ କାନ୍ଦୁନି ଜମା,
ମାଇଁ ଆଇଚି ଦୁଧ ଭାତ ଖୋଇଚି
ପିନ୍ଧିଚି ଶୋଇ ନୂଆ ନାଲିଆ ଜାମା ।

ଢିଢାଉଁ ଢାଇଁ ଢାଇଁ ଢିଢାଉଁ ଢାଇଁ
ଦେଉଳ ନନା ସଞ୍ଜ ଘଂଟ ପିଟଇ,
ଆସରେ ଆସ ଚେକା ପାରିକି ବସ
ହାତ ଯୋଡ଼ିକି ପ୍ରଭୁ ପ୍ରାର୍ଥନା ପାଇଁ ।

ତୃତୀୟ ପାଖୁଡ଼ା

ଖେଳସାଥୀ । ମନଦେଇ ମନନେଇ ଖେଳକୁଦ । ହସାହସି । ସେଥିରେ ପୁଣି ସମୟ ବିଶେଷରେ ରାଗରୁଷା । ସବୁକିଛି କ୍ଷଣିକ । ବହଳ ଭାବନେଇ ଭଲପାଇବା । ମାତ୍ର ଶିଶୁମନର ଏହି ଗହୀର ଭାବକୁ ଆକଳନ କରିପାରନ୍ତି ନାହିଁ ବଡ଼ମାନେ । ନିଜର ଅହଂ ଓ ସଂକୀର୍ଣ୍ଣ ମାନସିକତା ଶିଶୁଙ୍କ ଭଲପାଇବାରେ ପାଚେରୀ ତୋଳିବାର ଅପପ୍ରୟାସ କରନ୍ତି । ମାତ୍ର ସେଥିରେ ସେ ସଫଳ ହୁଅନ୍ତି ନାହିଁ । ଅହଂକାରର ବଡ଼ପଣ ଭଲପାଇବାର ଗାଢ଼ତାରେ ଫିକାପଡ଼େ । ପାଣିଚିଆ ହୁଏ ।

ସେମାନେ ଖେଳକୁଦ କରନ୍ତି । ଗଣନକୁ ନେଇ ପାହାଚ ଗଢ଼ନ୍ତି । ଖେଳର ତରିକା ନିର୍ଣ୍ଣାୟକ ପର୍ଯ୍ୟାୟରେ ଉପନୀତ ହୁଏ । ସରସ ମନର ଚାତୁରୀ ସୁସ୍ଥ ଶରୀର ପାଇଁ ବାଟ ଫିଟାଇ ଦିଏ । ପିଲାମନ ଯାହାକୁ ଦେଖିଲେ ଆପଣାର ମନେ କରେ । ଆପଣାପଣରେ ସମ୍ବୋଧନ କରେ । ମାନବେତର ମାନବୀୟ ଭାବ ନେଇ ଉଭା ହୁଅନ୍ତି । ସମସ୍ତେ ଯେମିତି ତା ହୃଦୟାବେଗର ଅନନ୍ୟ ପ୍ରକାଶ ।

ପାରମ୍ପରିକତାରେ ପଡ଼ିଛି ପୂର୍ଣ୍ଣଚ୍ଛେଦ । ଆସିଛି ସହଯୋଗ ଓ ସହାୟତାର ହାତବଢ଼ାଇ ଦେଇଥିବା ଯନ୍ତ୍ରଟିଏ । କମ୍ପ୍ୟୁଟର ଭାବେ ପରିଚିତ ହେଲେ ବି ଆଗାମୀ ପିଢ଼ି ପାଇଁ ସୁଦୂର ପ୍ରସାରୀ ସାଥୀଟିଏ । ସାମର୍ଥ୍ୟର ଚିଜଟିଏ । ସବୁ ସମୟକୁ ସଜାଡ଼ି ଦେବାର ଅନିନ୍ଦିତ ଭାବଟିଏ । ମନ ବହଲେଇ ଗଣନର ଭାବକୁ ଯୋଗସୂତ୍ରର ସହଯୋଗଟିଏ ।

ରଙ୍ଗ । ଆଖି ଦେଖିବାର ଭଳିକିଭଳି ପସରା । ହୃଦୟରେ ମୁଲାୟମ ଭାବ ସୃଷ୍ଟି କରୁଥିବା ଅପୂର୍ବ ଆକର୍ଷଣ । ବର୍ଣ୍ଣାଳୀ ଭାବର ଚିତ୍ରିତ ଚିତ୍ର । ଧଳା, ନାଲି, ହଳଦୀ, ସବୁଜ, ନୀଳ, କଳା ଭିତରେ ସବୁକିଛି ଦେଖି ଦେଖାଇବାର ପୂର୍ଣ୍ଣସ୍ୱରୂପ । ସୂଚନା ଦେଉଥିବା, ନିଆରା ଭାବ ଆଣୁଥିବା ଦିଗନ୍ତ ବିସ୍ତାରୀ ଫସିଲ ।

ସମୟ ଆସିଲେ ଆକାଶର ରୂପ ବଦଳିଯାଏ । ନୀଳ ଆକାଶ ଗାଢ଼ ରୂପକୁ ଧାରଣ କରେ । ମୌସୁମୀର ଆମନ୍ତ୍ରଣରେ ହେଉ କି ଲଘୁଚାପର ଚାପରେ ହେଉ , ବରଷା ସମସ୍ତଙ୍କ ମନରେ ଅନୁରଣିତ କରେ ଭଲ ଲାଗିବାର ଭାବ । ଆପଣେଇ ଦେବାର ନିଆରା ଉଲ୍ଲସିତ ଅନୁଚିନ୍ତା । ବରଷାକୁ ରାଣୀ ଭାବରେ ପାଛୋଟି ଆଣିବାର ଦିଗରେ ଆତ୍ମହରା ହୁଏ ସମଗ୍ର ଭୂସତ୍ତା । ସବୁଠାରୁ ବେଶି ଆମୋଦିତ ହୁଏ ଚାଷୀ ଭାଇ । ନିଜେ ବଂଚି ଅନ୍ୟକୁ ବଂଚାଇବାର ପ୍ରତିଶ୍ରୁତି ବାଢ଼ିବସେ । ତା ଭିଜା ଦେହରେ ଯେପରି ସଂଚରିତ ହୋଇଯାଏ ଡେଇଁଯିବାର ପ୍ରବାହ । ପିଲାମନ ପାଣିସୁଅକୁ ଦେଖି ଓଲିମୂଳେ ଭସାଇଦିଏ ତା' ସ୍ୱପ୍ନର ପ୍ରତୀକ କାଗଜଡଙ୍ଗା । ସେହି ଡଙ୍ଗା ଯେପରି ସ୍ମରଣ କରାଇଦିଏ ଆମର ଐତିହ୍ୟ ଓ ସଂସ୍କୃତି । ନାନାବାୟା ଗୀତର ସିମ୍ଫୋନି ଉଚ୍ଛ୍ୱସିତ କରେ ତା'ର ହୃଦୟ ରାଜ୍ୟକୁ । କିଛି ଜାଣିଥିବା କଥାକୁ ନେଇ ସପନଦେଖାର ଅବକାଶ ମିଳେ ତାକୁ ।

ଫୁଲର ତୃତୀୟ ପାଖୁଡ଼ାର ଦଶଟି କବିତାର କବିଙ୍କ ନିଆରା ବିଚାରବୋଧ ଶିଶୁମନରେ ଆମୋଦିତ ଭାବ ପ୍ରକାଶ କରିବାର ପ୍ରୟାସ କରିଥାଏ ।

■

ଟିପୁ ଆଉ ସିପୁ

ଅତି ପ୍ରିୟ ସାଥୀ ଟିପୁ ଆଉ ସିପୁ
ଗୋଡ଼ାଗୋଡ଼ି ଖେଳୁଥିଲେ,
ଆଗପଛ ହୋଇ ସିପୁ ଗୋଡ଼ ଝୁଂଟି
ଟିପୁ ପଡ଼ିଗଲା ତଳେ।
ଇଲୋ ବୋଉ କହି ଟିପୁ ଗଡ଼ିଯାଇ
ଭେମ୍ବା ରଡ଼ିଟିଏ ଦେଲା,
ଝପଟି ଆଇଲା ଦୂରୁ ଟିପୁ ବୋଉ
ଟିପୁକୁ କୋଳେଇ ନେଲା।
ତୁ ମୋ ଧନକୁ ପେଲି ଦେଲୁ ବୋଲି
ତଳେ ଗଲା ସିଏ ପଡ଼ି ,
କାଲିଠାରୁ ଯଦି ଟିପୁ ସାଙ୍ଗ ହେବୁ
ଦାନ୍ତକୁ ଦେବି ତୋ ଝାଡ଼ି।

ଟିପୁ ବୋଉଠାରୁ ଗାଳି ଶୁଣି ସିପୁ
       ଆଖି ମଳିମଳି ଗଲା,
ଖେଳାଖେଳି ବେଳେ ଯାହା ଘଟିଥିଲା
       ବୋଉ ଆଗେ କହିଦେଲା ।

ରାଗେ ସିପୁ ବୋଉ ଚିହିଁକି ଉଠିଲା
       ପଡ଼ିଶାକୁ ଗଲା ଧାଇଁ,
କଟୁକଥାମାନ ଟିପୁ ବୋଉକୁ ସେ
       ମନଇଚ୍ଛା ଗଲା କହି ।
ଟିପୁ ବାପା ବୋଉ ଝପଟି ଆଇଲେ
       ରଣ ହୁଁକାର ଯେ ଦେଲେ,
ସିପୁ ବାପା ବୋଉ ଠେଙ୍ଗା ବାଡ଼ି ଧରି
       ସମ୍ମୁଖାସମ୍ମୁଖି ହେଲେ ।

ଖବର ପାଇକି ଥାନାବାବୁ ଆସି
       କଳିଗୋଳ ଅଟକାଇ,
କହିଲେ ତୁମର ଦି ଛୁଆଙ୍କୁ ଡାକ
       ସାକ୍ଷୀ ଲେଖାଲେଖି ପାଇଁ ।
ଦେଖିଲାବେଳକୁ ଟିପୁ ଆଉ ସିପୁ
       ଗୋଡ଼ାଗୋଡ଼ି ଖେଳୁଥିଲେ,
ଦୁଇ ପରିବାର ଥାନାବାବୁ ଆଗେ
       ଲାଜେ ମଥା ନୁଆଁଇଲେ ।

■

ଖେଳକୁଦ

ଏକ ଏକ ଦୁଇ, ଖେଳକୁଦ ପାଇଁ
ଖେଳ ପଡ଼ିଆକୁ ଆସ, ମନରେ ହୋଇ ହରଷ
ଦଉଡ଼ାଦଉଡ଼ି ହୋଇ, ଦେହରୁ ଝାଳ ବୁହାଇ
ଖେଳରେ ମନଦେଇ, ଶରୀର ସୁସ୍ଥ ପାଇଁ ।

ଦୁଇ ଏକ ତିନି, ବଙ୍କା କର କହୁଣୀ
ପାପୁଲି କାନ୍ଧରେ ରଖ, ବୁଲାଅ ଯେମିତି ଚକ
ଆଗକୁ ହାତ କର, ଆଗପଛ ଥରଥର
ଏକାଗ୍ରତା ଆଣି, ବ୍ୟାୟାମ କରିବ ଗଣି ।

ତିନି ଏକ ଚାରି, ଅଂଟା ନୁଆଇଁ କରି
ମୁଣ୍ଡ କରିବ ତଳକୁ, ହାତ ଛୁଇଁବ ପାଦକୁ
ପୁଣି ମୁଣ୍ଡ ଉଠାଇ, ଯେତେ ପଛକୁ ଝୁଙ୍କାଇ
ଅଂଟା ଦରଜ ଯିବ, ଛୁ ମନ୍ତର ପରି ।

ଚାରି ଏକ ପାଂଚ, ମନେ ସାହାସ ସଂଚ
ଥୁକୁଲ ଥାକଲ ଥାଇ, ପାଦ ପଞ୍ଝାରେ ଡେଇଁ
ହାଲ୍‌କା ହାଲ୍‌କା ଖେଳ, ଗଡ଼ିବା ଆଗରୁ ବେଳ
ଖୋଲା ମେଲାରେ ଘୁଂଚ, ଧରନା କାହାର ପେଂଚ ।

ପାଂଚ ଏକ ଛଅ, ହାତକୁ ଖୋଲି ଡିଅଁ
ଉପରକୁ ହାତ ଯିବ, ତଳକୁ ହାତ ପଡ଼ିବ
କରୁଥିଲେ ହୋଇ ଖୁସି, ଶକ୍ତ ହେବ ମାଂସପେଶୀ
ମନରେ ନରଖ ଭୟ, ସବୁ କାମ ହେବ ଜୟ ।

ଛଅ ଏକ ସାତ, ପୁଚି ଖେଳିବା ମିତ
ଠିଆ ପୁଚି ନାରଙ୍ଗ, ଗୋଡ଼ ଦିଟା ସାରଙ୍ଗ
ଘୁଂଚିଘୁଂଚି ବସିବା, ବସା ପୁଚି ଖେଳିବା
ସକାଳେ ସଞ୍ଜେ ମିତ, ଛାଡ଼ିବ ମାଘ ଶୀତ ।

ସାତ ଏକ ଆଠ, ଚଉକି ବସ ଝଅଟ
ଚଉକି ବସି ରହିବ, ଦଶ ଯାକେ ଗଣିବ
ଲାଗିଲେ ଅକଳିଆ, ହୋଇପଡ଼ିବ ଠିଆ
ସେତେ ଶରୀର ସୁସ୍ଥ, ବ୍ୟାୟାମ ଯେତେ କଷ୍ଟ ।

ଆଠ ଏକ ନଅ, ନଇଁ ନଇଁକା ଯାଅ
ଯେମିତି ବୁଢ଼ାବୁଢ଼ୀ, ଚାଲନ୍ତି ଧରି ବାଡ଼ି
ତା ପରେ ସିଧା ହୋଇ, ଗୋଲାକାର ଘରେ ଥାଇ
ଆଗକୁ ଆଗକୁ ଯାଅ, ଆସ୍ତେ ପାଦ ପକାଅ ।

ନଅ ଏକ ଦଶ, ଚକା ପକେଇ ବସ
ଅଂଟା ସଳଖ କର, ମନକୁ ରଖ ସ୍ଥିର
ଓଁକାର ଧ୍ୱନି କରି, ଜଗତପିତା ସ୍ମରି
ହାତଯୋଡ଼ିକି ବସ, ପାଇବ ଯଦି ଯଶ ।

■

ଛଅଟି କଥା

ବଉଳା ଗାଈ ଲୋ ବଉଳା ଗାଈ,
ଘାସ କେରା ଖାଆ ଗୁହାଳେ ଥାଇ ।
ଖିର ଟୋପେ ଦେବୁଲୋ ମୁଁ ପିଇବି,
ଖିର ପିଇ ସୁସ୍ଥସବଳ ହେବି ।
କୁନି ବାଛୁରିଟି ତୋ ପାଖେ ଠିଆ,
ମାଆ ବଦଳରେ ତୁ ମୋ ମାଆ ।

ଡାମରା କାଉରେ ଡାମରା କାଉ,
ସକାଳ ହେଲେ ନିଦ ଭାଙ୍ଗିଦେଉ ।
ରୁଟି ପଟିଏ ତୁ ସକାଳୁ ନେଉ,
ବାପାଙ୍କ ଖବର ବୋଉକୁ ଦେଉ ।
ଅଳିଆମଳିଆ ନେଇ ତୁ ଯାଉ,
ଏତେ ସେବା ଆମ ପାଇଁ କରଉ ।

ନେଉଳ ଭାଇରେ ନେଉଳ ଭାଇ,
ଦୁଧ ଭାତ ଦେଲି ଖାଇବୁ ନେଇ ।

ବୁଦା ମୂଳେ ଘର କରି ରହିଚୁ,
ସାପକୁ ଦେଖିଲେ ଫଅଁ କରୁଚୁ।
ଘରୁ ବାହାରିଲେ ତୋ ମୁହଁ ଚାହିଁ,
ଯୁଆଡ଼େ ଯିବଟି ଶୁଭ ହୁଅଇ।

ପିମ୍ପୁଡ଼ି ଭାଇନା ଧାଡ଼ି ଧାଡ଼ିକି,
ପତରରେ ଗୁଡ଼ ଦେଲି ବାଢ଼ିକି।
ନିଜ ପିଲା ପାଇଁ ବୋହି ନେଇକି,
ଘରେ ସଂଚିବୁ ତୁ କାଲି ପାଇଁକି।
ପରିଶ୍ରମୀ ନାହିଁ ତୋ ପରି କେହି,
ଉଦାହରଣ ତୁ ସଭିଙ୍କ ପାଇଁ।

ବାଇଚଢ଼େଇରେ ବାଇଚଢ଼େଇ,
ଖୁଦମୁଠେ ଦେଲି ଖାଆରେ ତୁହି।
ଅତି ଯତନରେ ଘର ତୋଳିଛୁ,
ବାଆ ବତାସରେ ଦୋଳି ଖେଳୁଛୁ।
ବୁଣାବୁଣି କାମ କାହୁଁ ଶିଖିଲୁ ,
ଶିଳ୍ପୀକୁଳ ଗଉରବ ତୁ ହେଲୁ।

କୁକୁର ଭାଇରେ କୁକୁର ଭାଇ,
ଭାତ ତରକାରି ଦବୁରେ ଖାଇ।
ଘର ଫାଟକରେ ପହରା ଦବୁ,
ଚୋର ତସ୍କରକୁ ଜଗି ରହିବୁ।
ବିଶ୍ୱାସର ଅନ୍ୟନାମଟି ତୁଉ ,
ଯାହାର ଖାଉ ତୁ ତା ଗୁଣ ଗାଉ। ▪

କମ୍ପ୍ୟୁଟର

କମ୍ପ୍ୟୁଟର ମୁଁ ଯେ କମ୍ପ୍ୟୁଟର,
ରଖିଥାଏ ମୁଁ ସଭିଙ୍କ ଖବର।
ନଖ ଦରପଣେ ସବୁ ଦେଖିପାରେ
ମୋ ପାଇଁ ସଠିକ କାରବାର,
କମ୍ପ୍ୟୁଟର ମୁଁ ଯେ କମ୍ପ୍ୟୁଟର।

ଯେଉଁ କାମ ହୁଏ ମାସ ମାସ ଧରି,
ସେଇ କାମ ଦିଏ ନିମିଷକେ ସାରି।
ଯାନ୍ତ୍ରିକ ମସ୍ତିଷ୍କ ମୋର ନାମ ଅଟେ
ସବୁ ସାମର୍ଥ୍ୟର ଗନ୍ତାଘର,
କମ୍ପ୍ୟୁଟର ମୁଁ ଯେ କମ୍ପ୍ୟୁଟର।

ଅତୀତ , ବର୍ତ୍ତମାନ, ଭବିଷ୍ୟତ,
କହିଦିଏ ଗୋଟିଗୋଟି ସତସତ।
ମୋ ପାଇଁ ହଜିଛି ତାଳପତ୍ର ଖେଦା
ପ୍ରିୟପାତ୍ର ମୁଁ ଯେ ସଭିଙ୍କର,
କମ୍ପ୍ୟୁଟର ମୁଁ ଯେ କମ୍ପ୍ୟୁଟର।

ମୋ ଲାଗି ଗବେଷଣା ମହାକାଶରେ,
ଗ୍ରହ ଉପଗ୍ରହ ପରିକ୍ରମା କରେ।
ରକେଟ୍, କ୍ଷେପଣାସ୍ତ୍ର ପ୍ରତିରକ୍ଷାର
ସଫଳ ପରୀକ୍ଷା ଥରକୁ ଥର,
କମ୍ପ୍ୟୁଟର ମୁଁ ଯେ କମ୍ପ୍ୟୁଟର।

ରେଳ ଉଡ଼ାଜାହାଜରେ ଚଳାଚଳ,
ଶିକ୍ଷା ଗବେଷଣା ସହଜ ଫଳ।
ବ୍ୟାଙ୍କ୍ ବ୍ୟବସାୟ କଳକାରଖାନା
ଯୋଉଠି ଖୋଜିବ ମୁଁ ହାଜର,
କମ୍ପ୍ୟୁଟର ମୁଁ ଯେ କମ୍ପ୍ୟୁଟର।

କାର୍ଯ୍ୟାଳୟ, ଟ୍ରାଫିକ୍, ମନୋରଞ୍ଜନ,
ମୋ ଲାଗି ସହଜ ଚିକିତ୍ସା ବିଜ୍ଞାନ।
ଉତ୍ଥାନ ପତନ ହାତ ମୁଠାରେ
ବିଶ୍ୱ ଆଜି ଏକ ପରିବାର,
କମ୍ପ୍ୟୁଟର ମୁଁ ଯେ କମ୍ପ୍ୟୁଟର।

କେତେ ରଙ୍ଗ

ଧଳା ଟଗର, ଧଳା ଅରଖ, ଧଳା ପାଟିର ଦାନ୍ତ,
ଧଳା ସୋଦୁଅ କାନ୍ଥରେ ଚିତା, ଧଳା ଖାଇବା ଭାତ ।
ଖିର ଧଳା ଯେ ଚଅକ ଧଳା, ଧଳା ପରିବା ମୂଳା,
ଶାନ୍ତି ସନ୍ଦେଶ ଧଳାରଙ୍ଗର, ପାରା ଯୋଡ଼ିକ ଧଳା ।

ନାଲି ମନ୍ଦାର ନାଲି ରଙ୍ଗଣୀ ନାଲି ଫଗୁ ଅଭିର,
ନାଲି ସିନ୍ଦୂର ବୋଉ ପିନ୍ଧିଲେ, ଦିଶେ କେଡ଼େ ସୁନ୍ଦର ।
ନାଲି ସୁରୁଯ ବୁଣେ ମୁରୁଜ ନାଲି ସାଧବ ବୋହୂ,
ନାଲି ଯେ ପ୍ରତିବାଦ ପ୍ରତୀକ ସବୁଠି ଜୟ ହେଉ ।

ସୁରୁଯମୁଖୀ ସୋରିଷ ଫୁଲ ହଳଦୀ ଗୁରୁଗୁରୁ,
ହଳଦୀବସନ୍ତ ହଳଦିଆ ଗୀତ ଗାଏ ଡାଳରୁ।
କଂଚା ହଳଦୀ ଦେହକୁ ହିତ, ସୁନା ହଳଦୀ ରଙ୍ଗ,
ହଳଦୀ ବୋଲା ଶୁଭର ରଙ୍ଗ, ହାତ ମିଳାଅ ସାଙ୍ଗ।

ସବୁଜ ଗଛ ଫୁଲ ଢେଉରେ ବଗିଚା ଶୋଭା ବଢ଼େ,
ସବୁଜ ଶୁଆ ଫଳ ଖାଆଇ, ଡାଳକୁ ଡାଳ ଉଡ଼େ।
ସବୁଜ କ୍ଷେତ, ସବୁଜ ଘାସ, ସବୁଜ ଗଛ ବଣ,
ସବୁଜ ସ୍ୱଚ୍ଛ ପରିବେଶର, ପ୍ରତୀକଟିଏ ଜାଣ।

ନୀଳ ରଙ୍ଗରେ ଅପରାଜିତା ସଜେଇ ହୋଇଥାଏ,
ନୀଳକଇଁଟି ପୋଖରୀ ଜଳେ ଦୋହଲି ଗୀତ ଗାଏ।
ନୀଳ ସାଗର ତୀରରେ ନୀଳଶଇଳ ହୋଇ ଉଭା,
ନୀଳ ଆକାଶ ଯାଏ ଲମ୍ବିଛି, ନୀଳମଣିର ଶୋଭା।

କାଉ ତ କଳା, କୋଇଲି କଳା, କଜଳପାତି କଳା,
ଷୋଳ କଳାରୁ ଏକଇ କଳା ଅଟଇ ନନ୍ଦବଳା।
ଦୁନିଆ ଥିଲା କଳାଅନ୍ଧାର, ସେଥିରୁ ସବୁ ଜାତ,
କାଳିଆ କାହ୍ନୁ ଭାବରେ ବନ୍ଧା, କଳା ମୋ ଜଗନ୍ନାଥ।

■

ଆ ବରଷା ରାଣୀ

ବରଷାରାଣୀଲୋ ବରଷାରାଣୀ
      ଆମ ରାଇଜକୁ ଭୁଲି ଗଲୁଣି ,
ଗଲାସନ ଆମ ମନକୁ ଜାଣି
      ନଦୀନାଳ ବିଲେ ଦେଇଛୁ ପାଣି ।

ଏସନକୁ କିଆଁ ବଇଚୁ ରୁଷୀ
ଝୁରୁଛନ୍ତି ତୋତେ ରାଇଜ ଚାଷୀ ,
ନଦୀ ,ନାଳ,ଯୋର,ଟୁବି,ସରସୀ
ଶୁଖା ପଡ଼ିଲାଣି କାନ୍ଦୁଛୁ ବସି ।

ବେଙ୍ଗ ବେଙ୍ଗୁଲୀକୁ ବାହା କରିଲୁ
ପଡ଼ିଶାଙ୍କୁ ଡାକି ଭୋଜିଟେ ଦେଲୁ,
ବେଙ୍ଗୁଲୀ ମୁଣ୍ଡରେ ସିନ୍ଦୂର ଦେଲୁ
ଇନ୍ଦର ରଜାକୁ କେତେ ଡାକିଲୁ ।

ବଉଦ ଯାଇଚି ସବାରୀ ନେଇ
ଆମ ରାଇଜକୁ ଆଣିବା ପାଇଁ,
ଆଲୋ ସଅଳ ସଜବାଜ ହେଇ
ଫୁଲ ଶେଯରେ କି ପଡ଼ିଛୁ ଶୋଇ ।

ବରଷା ରାଣୀର ନିଦ ଭାଙ୍ଗିଲା
ରାଗରୁଷା ଛାଡ଼ି ବରଷିଗଲା ,
ବରଷା ଆଇଲା ହୁରିପଇଲା
କେଁ କଟର ଗୀତ ବେଙ୍ଗ ଗାଇଲା ।

କୁନାମୁନା କାଗଜ ଡଙ୍ଗା କଲେ
ଭସାଇ ଦାଣ୍ଡରେ ତାଳି ମାଇଲେ,
ଚଷାପୁଅ ହସି କ୍ଷେତକୁ ଗଲେ
ହଳରେ ବଳଦ ଯୋଚା ହୋଇଲେ ।

ବାରିରେ ମାଡ଼ିଲା ଜହ୍ନି କାକୁଡ଼ି
ଛଚିନ୍ଦ୍ରା ଭାରରେ ଦବିଲା ଭାଡ଼ି
ବଗିଚାରେ ଫୁଲ ଧାଡ଼ିକି ଧାଡ଼ି
ଆଷାଢ଼ ଶ୍ରାବଣେ ଲାଗିଲା ଝଡ଼ି ।

ଗହଳ ଚହଳ ଯାନି ଯାତରା
ବୋଉ ବାଢ଼ିଦିଏ ପୁରି କାକରା,
ଗଛରେ କଅଁଳ ପତର ଭରା
ସବୁଠି ସବୁଜ ହସିଲା ଧରା ।

■

ଚାଷୀ ଭାଇରେ

ଚାଷୀ ଭାଇରେ ଚାଷୀ ଭାଇରେ
ହସି ଦିଏରେ ହସି ଦିଏରେ
ତୁ ଖୁସି ରହୁଥିଲେ
ତୋ ମୁହଁରେ ହସ ଥିଲେ
ସାରା ଜଗତ ଯେ ଖୁସି ତୋ ଖୁସିରେ
ଚାଷୀ ଭାଇରେ ଚାଷୀ ଭାଇରେ ।

ମାଟି ଫଟେଇ ଫଳାଉ ସୁନା ଫସଲ
ତୋ ଧାନକେଣ୍ଡାର ମୂଲ ଅମୂଲ ମୂଲ
ମୁଣ୍ଡ ଝାଳ ତୁଣ୍ଡେ ମାରି
ସୁନା ଫୁଲ କେରିକେରି
କ୍ଷେତମୁଣ୍ଡ ତୋର ଖୁସି କହି ନୋହିଁରେ
ଚାଷୀ ଭାଇରେ ଚାଷୀ ଭାଇରେ ।

ତୋ ଘରଣୀ ବାଢ଼ିଦେଲେ ଶାଗ ପଖାଳ
ପଖାଳ କଂସାରେ ତୋର ସପନ ମାଳ
ତୋର ଛୋଟ ସଂସାରରେ
ଖୁସି ଥିଲେ, ତୁ ଖୁସିରେ
ସାରା ସଂସାର ଖୁସି ତୋ ଖୁସି ପାଇଁରେ
ଚାଷୀ ଭାଇରେ ଚାଷୀ ଭାଇରେ ।

ଯୋଡ଼ି ବଳଦ ତୋ ଘର ଆଗରେ ବନ୍ଧା
ଲଙ୍ଗଳ ଫାଳରେ ତୋର ଜୀବନ ଛନ୍ଦା
କେତେ ଖତ ସାର ଦେଇ
କ୍ଷେତକୁ ପାଣି ମଡ଼େଇ
ଅମଳ କରୁଛୁ କେବେ ଥକି ନ ଯାଇରେ
ଚାଷୀ ଭାଇରେ ଚାଷୀ ଭାଇରେ ।

ବରଷାକୁ ଭରସା ତୋ ବରଷକରେ
ଟୋପି ବରଷିଲେ ମନ ଉଡ଼ିବୁଲେରେ
ଲାଗିଯାଏ ବୁଣାବୁଣି
ଏକାଠି କାଦୁଅ ପାଣି
ତଳି ପଡ଼ିପଡ଼ି ଯାଏ ପାହିକି ପାହିରେ
ଚାଷୀ ଭାଇରେ ଚାଷୀ ଭାଇରେ ।

ଚାଷବାସ କ୍ଷେତକାମ ଅଛି ତୋହର
ନିଆରା ଆନନ୍ଦମୟ ତୋ ପରିବାର
ଚାଷୀଭାଇ ସନମାନ
ସବୁଠି ଉଚ୍ଚ ଆସନ
ବଡ଼ ଗଣା ସିଏ, ଯିଏ ଚାଷ କରଇରେ
ଚାଷୀ ଭାଇରେ ଚାଷୀ ଭାଇରେ ।

■

କାଗଜ ଡଙ୍ଗା

କାଗଜ ଡଙ୍ଗା ମୋ ଭାସିଭାସି ଯା
ସାତ ଦରିଆରେ ବୁଲିବୁଲି ଆ,
ମଙ୍ଗରେ ବସେଇ ମା ଠାକୁରାଣୀ
ଅଝାଲ ମେଲେଇ ଆଗକୁ ଯା ।

କାଗଜ ଡଙ୍ଗା ଦୂରେ ଭାସି ଯାଏ
ଓଡ଼ିଆ ଜାତି କଥା ଗାଉଥାଏ,
ସାଧବ ପୁଅ ବେପାର ବଣିଜ
ଦରିଆ ପାରିର କୀରତି କହେ ।

ଶଙ୍ଖ ହୁଳହୁଳି ବନ୍ଦାଣ ଥାଳି
ସାଧବାଣୀ ମେଲାଣୀ ଦେବେ ବୋଲି,
ହାତେହାତେ ଲମ୍ବ ଓଢ଼ଣୀ ଟାଣି
ମଙ୍ଗପୂଜି ଦିଅନ୍ତି ହୁଳହୁଳି ।

ସାଧବ ମଥାରେ ଚନ୍ଦନ ଟୋପା
ଜକଜକ ଦିଶେ ପାଟ ଶିରିପା
ଆଖି ଛଳଛଳ ଛାତିରେ କୋହ
ବିରହେ ମିଳନ ରହିଛି ଛୁପା ।

ସୁଲୁସୁଲିଆ ପବନ ବହଇ
ଭସାବାଦଲକୁ ଭରସା ନାହିଁ,
ବିଜୁଳି ମାଇଲେ ଛାତି ଛନକା
ମଙ୍ଗ ଧରିଥାରେ ସାଧବ ଭାଇ ।

ଦେଶପାରି ହୋଇ ବଣିଜ କରି
ଧନ ଦଉଲତ ଆସିବୁ ଧରି,
ପରଦେଶୀ ସାଙ୍ଗେ ସଙ୍ଗାତ ବସି
ଆମକଥା କହିବୁ ଖୋଲିକରି ।

ଧନଦରବ ଯେ ଅମୂଲ ମୂଲ
ଆମ ରାଇଜରେ ହୋଇବ ଠୁଳ,
ଦରିଆ ପାରିର କେତେ କାହାଣୀ
ଆମକୁ କହିବୁ ଆମୂଳଚୂଳ ।

ଆମ ଜାତିର ଗାଥା ମନଛୁଆଁ
ଗରବ ଆମର ଆମେ ଓଡ଼ିଆ,
ଆମ ଯଶକଥା କୀରତି ବାଂଟି
ଆଗକୁ ଆଗକୁ ଭାସିଭାସି ଯା ।

■

ଦଶଟି ପାରା

ଦଶଟି ପାରା ଉଡୁଛନ୍ତି
ଆକାଶକୁ ଚାହିଁ,
ଗୋଟିଏ ପାରା ବାଟ ହୁଡ଼ିଲା
ଆଉ ରହିଲେ ନଅ ।

ନଅଟି ପାରା ଭୋଗ ଖାଇବେ
ଯାଉଥିଲେ ମଠ,
ଗାଧେଇ ନାହିଁ ଜଣେ ରହିଲା
ଆଉ ରହିଲେ ଆଠ ।

ଆଠଟି ପାରା ଘୁରୁଥିଲେ
      ଗାଇ ଘୁମୁରା ଗୀତ,
ଗୋଟେ ଉଡ଼ିଗଲା। ଅଧା ଗାଇଲା
      ଆଉ ରହିଲେ ସାତ।

ସାତଟି ପାରା ସାତ କିଆରି
      ଖୋଜି ପାଇଲେ ଯଅ,
ତଂଟିରେ ଲାଗି ଖସିଲା ଗୋଟେ
      ଆଉ ରହିଲେ ଛଅ।

ଛଅଟି ପାରା ନାଚିବା ପାଇଁ
      ବାନ୍ଧିଲେ ରଙ୍ଗମଂଚ,
ଜଣଙ୍କ ଗୋଡ଼ ଭାଙ୍ଗିଯିବାରୁ
      ଆଉ ରହିଲେ ପାଂଚ।

ପାଂଚଟି ପାରା ପାଂଚିଲେ ମନେ
      ଘରେ କରିବେ ଖିରି,
ଚିନି ପାଇଁ ଯାଇ ଫେରିନି ଜଣେ
      ଆଉ ରହିଲେ ଚାରି।

ଚାରିଟି ପାରା ପାଖ ହାଟକୁ
ଗଲେ ସଉଦା କିଣି,
ଗୋଟିଏ ପାରା ଫେରିଲା ନାହିଁ
ଆଉ ରହିଲେ ତିନି ।

ତିନିଟି ପାରା ଖିର ପିଇବେ
କିଣିଲେ ଗୋଟେ ଗାଈ,
ନାତ ଖାଇଲା ଗୋଟିଏ ପାରା
ଆଉ ରହିଲେ ଦୁଇ ।

ଦୁଇଟି ପାରା ଶୋଇଥିଲେ
ପୁଷୀ ମାଇଲା ଖାଁକ,
ଗୋଟିଏ ଡରି ଉଡ଼ିଗଲା
ଆଉ ରହିଲା ଏକ ।

ଏକ ପାରା ହରି ଭଜିକି
ଉଡ଼ିଗଲା ଗଗନ,
ଛାତଟା ଖାଆଁ ଖାଁ ଲାଗୁଛି
ଆଉ ରହିଲା ଶୁନ ।

■

ରୁରୁରୁ ରୁରୁ : ସପନ ଦେଖା

ରୁରୁରୁ ରୁରୁ ରୁ ରୁରୁରୁ ରୁରୁ ,
ପର ଝାଡ଼େ ସୁନା ଚଢ଼େଇ ଦୂରୁ।

ସୁନା ଚଢ଼େଇରେ ସୁନା ଚଢ଼େଇ,
ମୋ ମୁନା କାନ୍ଦୁଛି ତୋଅରି ପାଇଁ।

ଅଗଣାକୁ ଉଡ଼ି ଯେବେ ଆସିବୁ,
ରାନ୍ଧି ବାଢ଼ିଦେବି ବସି ଖାଇବୁ।

ସୁନା ଡେଣାରେ ମୁନାକୁ ବସେଇ ,
ପରୀ ରାଇଜକୁ ନବୁ ବୁଲେଇ ।

ବଉଦରେ ଲୁଚକାଳି ଖେଳିବୁ ,
ଆକାଶରୁ ତାରା ଫୁଲ ତୋଳିବୁ ।

ସୁନା ଚାଙ୍ଗୁଡ଼ିରେ ରଖି ସାଇତି,
ଖଞ୍ଜି ଦବୁ ଫୁଲ କତିକି କତି ।

ପରୀ ରାଇଜରୁ ସୁନ୍ଦରୀ ପରି,
ଡେଣାରେ ବସେଇ ଆଣିବୁ ଧରି ।

ହସ ଝରୁଥିବ ମୁନା ଓଠରୁ,
ରୁରୁରୁ ରୁରୁ ରୁ ରୁରୁରୁ ରୁରୁ ।

ରୁରୁରୁ ରୁରୁ ରୁ ରୁରୁରୁ ରୁରୁ,
ମୁନା ଶେଯ ଛାଡ଼େ ବଡ଼ି ଭୋଅରୁ ।

ଖାଇସାରି ସଜବାଜ ହୋଇଲା,
ପୁଷୀ ମାଉସୀକୁ ସାଥୀ କରିଲା ।

ବହି ବସ୍ତାନିକୁ ଦେଲା ସଜାଡ଼ି,
ଯିବାକୁ ଚାଟଶାଳି ପାଠ ପଢ଼ି ।

ଚାଟଶାଳି ଛାଟ କଥା ଶୁଣିକି,
ଅଧବାଟୁ ପୁଷୀ ଗଲା ଖସିକି ।

ମୁନା ଡରୁନାହିଁ ପାଠପଢ଼ାକୁ,
ପଣ ତାର ପଢ଼ି ବଡ଼ ହେବାକୁ ।

ବଡ଼ ହେଲେ ଉଡ଼ାଜାହାଜ ଚଢ଼ି,
ଦେଶ ବିଦେଶକୁ ଯିବରେ ଉଡ଼ି ।

ବିଦେଶରୁ ଆଣି ଧନ ଦରବ,
ନିଜ ମାଟିରେ ସେ ହବ ଗରବ ।

ସପନ ଦେଖିବା ମୋର ନ ସରୁ ,
ରୁରୁରୁ ରୁରୁ ରୁ ରୁରୁରୁ ରୁରୁ ।

ଚତୁର୍ଥ ପାଖୁଡ଼ା

ଶାରୀରିକ ବଳ ବଡ଼ କଥା ନୁହେଁ , ମନର ବଳ ବଡ଼ କଥା । ବଡ଼ ହେଉଛି ମଣିଷପଣିଆ । ଉତ୍ସର୍ଗୀକୃତ ଭାବ । ଦେଶପାଇଁ, ଜାତିପାଇଁ ନିଜକୁ ବାଜି ଲଗାଇ ଦେବା ହେଉଛି ନାଁ କରା ପଦକ୍ଷେପ । ସେହିପରି ଅନୁଚିନ୍ତା ହିଁ ପରପୀଡ଼ି ପାଇଁ ହୋଇଯାଏ ଚିନ୍ତନର ଭାବଧାରା । ନିଜକୁ ଭଲଭାବରେ ବୁଝିନଥିବା, କିଛି ଗୋଟାଏ କରି ଦେଖାଇବାର ବିଭୋର ହୋଇନଥିଲେ ବି ଠିକ୍ ସମୟରେ ଯଥାର୍ଥ ପଦକ୍ଷେପ ନେଇ ସେମାନେ ହୋଇଛନ୍ତି ସ୍ୱର୍ଣ୍ଣାକ୍ଷରର ଅଲିଭା ଦାଗ । ବୀର ବାଜିଆ, ଜାତିପ୍ରାଣ ଧରମା, ଉତ୍କଳ ପ୍ରାଣ ମଧୁସୂଦନ, ସ୍ୱାଧୀନତା ଆନ୍ଦୋଳନରେ ଝାସ ଦେଇଥିବା ଦେଶର ପ୍ରଥମ ଛାତ୍ର ନାରାୟଣ ବୀରବର ସାମନ୍ତ ଏସବୁ ଦୃଷ୍ଟିରୁ ଉପଲକ୍ଷ୍ୟ ମାତ୍ର । ଓଡ଼ିଶା ରାଇଜ ଏହିମାନଙ୍କୁ ନେଇ ଗୌରବାନ୍ୱିତ ।

ଓଡ଼ିଶାର ସଂସ୍କୃତି କାହିଁ କେତେରେ ବ୍ୟାପକ । ଏହାର କୀର୍ତ୍ତି ସଦା ସମୁଜ୍ଜ୍ୱଳ । ପ୍ରାକୃତିକ ଶୋଭାରେ ଅବର୍ଣ୍ଣନୀୟ । ମାନବୀୟ ଭାବରେ ପରିକଳ୍ପନା କଲେ, ସାଗର ଧୌତ କରୁଛି ଏହାର ପାଦଦେଶ । ମଥା ଗିରି ଶିଖର ବ୍ୟାଜରେ ଆକାଶ ଛୁଉଁଛି । ଚାରୁକଳା, କାରୁକଳା, ଭାସ୍କର୍ଯ୍ୟରେ ଦୁନିଆକୁ ଅନନ୍ୟତା ଦେଉଛି । ବଡ଼ଦେଉଳ, କୋଣାର୍କ, ଭୁବନେଶ୍ୱରର ମନ୍ଦିରମାଳା ଓଡ଼ିଶାର ମର୍ଯ୍ୟାଦାକୁ ଆଗେଇ ନେଇଛି ।

କବିପ୍ରାଣ ସେଥିପାଇଁ ବାରମ୍ଵାର ନିନାଦିତ କରିଛି 'ମୋ ଓଡ଼ିଶା ରାଇଜ ସବୁଠୁ ଭଲ'।

ରାଜା ନାମରେ ନାମିତ ଭାରତବର୍ଷ। ଏହାର ମାଟି ସମସ୍ତଙ୍କ ପାଇଁ ଚନ୍ଦନର ପ୍ରତିରୂପ। ଏହାର ବୁନିଆଦ ହେଉଛି , ତ୍ରିରଙ୍ଗା ପତାକା, 'ଜନ ଗଣ ମନ ଅଧିନାୟକ ...' ସଙ୍ଗୀତ। ଜାତୀୟ ସଂପତ୍ତି ହେଉଛି ହକିଖେଳ , ବରଗଛ, ପଦ୍ମଫୁଲ, ଆମ୍ବ, ମୟୂର, ବ୍ୟାଘ୍ର, ଅହିରାଜ ଇତ୍ୟାଦି। ଯାହାକୁ ନେଇ ଭାରତମାତା ସ୍ଵତନ୍ତ୍ର ମାଟି ଭାବରେ ବିଶ୍ଵବନ୍ଦିତ। କବିପ୍ରାଣ ସେହି ମାଟିରେ ଜନ୍ମନେଇ, ଦୁନିଆ ଦାଣ୍ଡରେ ନିଜର ପରିଚୟ ଦେବାରେ ଗୌରବାନ୍ଵିତ ମନେ କରିଛି। 'ଭୁଲିବିନି କେବେ ଭୁଲିଯିବିନି'ବୋଲି ପଦ ଦୋହରାଇ ଚାଲିଛି। ପୁଣି ସେହି ମାଟିକୁ ଗୋଟାପଣେ ନିଜର ଭାବି ସୈନିକ ଭାବରେ ଜୀବନ ଦେବା ଅନୁଚିନ୍ତାରେ କବିପ୍ରାଣ ବିଭୋର ହୋଇଛି।

ପ୍ରକୃତିର ରୂପ ଅତୁଳନୀୟ। ଫୁଲ, ଫଳ, ଜନନୀ, ଜୀବଜଗତ ଯାହାକୁ ଦେଖିଲେ ମନରେ ଆସିଯାଏ ପରିପୂର୍ଣ୍ଣ ଭାବ। ମଧୁରତାର ସେହି ଆଦ୍ୟଝଙ୍କାର। ଯାହା ମଧୁରତାରୁ ସୃଷ୍ଟି ହୋଇ , ସମସ୍ତଙ୍କ ମନକୁ ସୁନ୍ଦରତା ପରଶିବାରେ ତମାମ ଜୀବନ ବିତାଇ ଦେଉଛନ୍ତି। ଉପଲକ୍ଷ୍ୟ କରି ବଣପାହାଡ଼ର ଜୀବମାନେ ମଧ୍ୟ ସାମିଲ ହୋଇଛନ୍ତି। ପରୀ ରାଇଜରୁ ପରୀଟିଏ ଆଣି ସରାଗ ମନରେ ସବୁକିଛି ବାଢ଼ି ବସିଛନ୍ତି।

ଫୁଲର ଚତୁର୍ଥ ପାଖୁଡ଼ାରେ କବି ଦଶଟି କବିତା ଶିଶୁଙ୍କ ପାଇଁ ଉପସ୍ଥାପିତ କରି, ସେମାନଙ୍କ ହୃଦୟରେ ଜାତୀୟତାବୋଧର ବୀଜ ବପନ କରାଇଛନ୍ତି।

■

ରଖିବା ରାଇଜ ନାଆଁ

ଆସ ଆସ ପିଲା ଭଲ କାମ କରି
 ରଖିବା ରାଇଜ ନାଆଁ,
ବାଜିରାଉତ ପରି ସାହସୀ ହେବା
 ଦୁନିଆ କହିବା ଆହା।
ସେଦିନ ବାଜିଆ ପ୍ରଜାମେଳି ପାଇଁ
 ଘାଟେ ନଉକା ରଖିଲା,
ଗୋରା ଫଉଜିଙ୍କୁ ପାରି ନ କଲାରୁ
 ଗୁଳିରେ ଜୀବନ ଦେଲା।

ଏଡ଼େ ଟିକେ ପିଲା ଦେଶ ଜାତି ପାଇଁ
କରିଯାଇଅଛି ଯାହା,
ଆସ ଆସ ପିଲା ସେପରି କରିବା
ରଖିବା ରାଇଜ ନାଆଁ ।

ଚନ୍ଦ୍ରଭାଗା କୂଳେ କୋଣାରକ ତୋଳା
ବାର ବରଷ ବିତିଲା,
ବାରଶ ବଢ଼େଇ ମୁଣ୍ଡି ମାରିବାକୁ
ଦିନ ଗଡ଼ି ଯାଉଥିଲା ।
ବାରି ବରକୋଳି ବଳିଆକୁ ଧରି
ଧରମା ପହଂଚିଗଲା,
କୋଣାରକ ମୁଣ୍ଡି ମାରିସାରି ସିଏ
ନିଜ ଜୀବନ ହାରିଲା ।
ଏଡ଼େ ଟିକେ ପିଲା କେଡ଼େ କାମ କଲା
ସଭିଙ୍କର ମନ ଛୁଆଁ,
ଆସ ଆସ ପିଲା ସେପରି କରିବା
ରଖିବା ରାଇଜ ନାଆଁ ।

ମଧୁସୂଦନ ଯେ ଛୋଟ ପିଲାଟିଏ
ଚାହାଳିରେ ପଢୁଥିଲା,
ଗାଆଁ ରାସ୍ତା ଖାଲ ଖମାକୁ ଦେଖିକି
ମନେମନେ ବିଚାରିଲା ।

ଛୁଟିଦିନରେ ସେ ସାଙ୍ଗସାଥୀ ଡାକି
ମାଟିବାଲି ବୋହି ଆଣି,
ରାସ୍ତା ଢିପ ଖାଲ କଲା ସମତୁଲ
ପ୍ରଶଂସା ଆଣିଲା ଛାଣି।
ସେଇ ପିଲା ହେଲା ମଧୁ ବାରିଷ୍ଟର
ଓଡ଼ିଆ ଜାତିର ସାହା,
ଆସ ଆସ ପିଲା ସେପରି କରିବା
ରଖିବା ରାଇଜ ନାଆଁ।

ନାରାୟଣ ବୀରବର ସାମନ୍ତ ସେ
ଟିକି ପିଲାଟିଏ ଥିଲା,
ରାଜ ପରିବାର ରାଜସୁଖ ଛାଡ଼ି
ଦେଶପ୍ରେମେ ମାତିଗଲା।
ଦେଶର ପ୍ରଥମ ଛାତ୍ରଟିଏ ଭାବେ
ସ୍ୱାଧୀନତା ପାଇଁ ଲଢ଼ି,
ହଜାରୀବାଗର କାରାଗାରେ ରହି
ପିନ୍ଧିଲା ହାତରେ ବେଢ଼ି।
ଦେଶପ୍ରୀତି ଆଉ ଦେଶ ଜାତି ପାଇଁ
ତାଙ୍କରି ଆଦର୍ଶ ଥୁଆ।
ଆସ ଆସ ପିଲା ସେପରି କରିବା
ରଖିବା ରାଇଜ ନାଆଁ।

■

ଓଡ଼ିଶା ରାଇଜ

ମୋ ଓଡ଼ିଶା ରାଇଜ ସବୁଠୁ ଭଲ
ଜନମି ଅଛନ୍ତି କେତେ ସୁର ବୀର
ପଥରେ ଖୋଦେଇ ଅତୀତ ଯାହାର
ଗଉରବ ଗାଥା କୀରତି ଉଜ୍ଜ୍ୱଳ
ମୋ ଓଡ଼ିଶା ରାଇଜ ସବୁଠୁ ଭଲ ।

ନୀଳ ସାଗର ଯା ଚରଣ ଧୋଉଛି
ଯା ଗିରି କନ୍ଦର ଆକାଶ ଛୁଉଁଛି
କେତେ ନଦନଦୀ ବହିଯାଉଅଛି
ତା ଝରଣା ଗୀତ ଗାଏ କଲକଲ
ମୋ ଓଡ଼ିଶା ରାଇଜ ସବୁଠୁ ଭଲ ।

ଗଡ଼ଜାତ ସ୍ମୃତି ସାଇତା ଅତୀତ
କାଳଜୟୀ କଳା କାବ୍ୟ ଓ ସାହିତ୍ୟ
ଚାରୁ ଚିତ୍ରକଳା ଭାସ୍କର୍ଯ୍ୟ ସ୍ଥାପତ୍ୟ
ଦୁନିଆରେ କିଏ ହେବ ତାର ତୁଲ
ମୋ ଓଡ଼ିଶା ରାଇଜ ସବୁଠୁ ଭଲ ।

ବିଜେ ବଡ଼ଦେଉଳେ ଶ୍ରୀଜଗନ୍ନାଥ
ଚନ୍ଦ୍ରଭାଗା ତୀରେ କୋଣାର୍କ ବିଦିତ
ଶିବପୀଠେ ଶ୍ରୀଲିଙ୍ଗରାଜ ପୂଜିତ
ନିଳାମ୍ବୁ ଚିଲିକାରେ ବିହଙ୍ଗମାଳ
ମୋ ଓଡ଼ିଶା ରାଇଜ ସବୁଠୁ ଭଲ ।

କେତେ ଯୁଦ୍ଧଜୟ ଏ ଜାତିର ଶିକ୍ଷା
ବାରବାଟୀ ଦୁର୍ଗ ଇତିହାସେ ଲେଖା
ଧଉଳିଗିରିର ଧର୍ମ ଶାନ୍ତି ଦୀକ୍ଷା
ଖଣ୍ଡଗିରି ଶିଳା ଲେଖା ଜଳଜଳ
ମୋ ଓଡ଼ିଶା ରାଇଜ ସବୁଠୁ ଭଲ ।

ପାରାଦ୍ୱୀପ ବନ୍ଦର ପ୍ରଗତି ଦ୍ୱାର
ବନ୍ଦରକୁ ନେଇ ଶିଳ୍ପ ସହର
ସବୁ ଜାତି ଧର୍ମ ଗୋଟିଏ ସ୍ୱର
ବାରମାସେ ତେର ପର୍ବ ବିରଳ
ମୋ ଓଡ଼ିଶା ରାଇଜ ସବୁଠୁ ଭଲ ।

ଭିତର କନିକା ଜାତୀୟ ଉଦ୍ୟାନ
ଶିମିଳିପାଳ ଓ ନନ୍ଦନକାନନ
ହୀରାକୁଦ ବନ୍ଧ ଜଳ ସଂରକ୍ଷଣ
ସବୁଜ କ୍ଷେତରେ ସୁନା ଫସଲ
ମୋ ଓଡ଼ିଶା ରାଇଜ ସବୁଠୁ ଭଲ ।

ଜାତୀୟ ସଂପତ୍ତି

ଆସ ପିଲାମାନେ ଆସରେ ଆସ,
ଚେକା ପାରିକିରି ମାଟିରେ ବସ।
ମାଟି ଟିପାଟିଏ ମଥାରେ ମାରି,
ଦେଶ ଗାରିମାକୁ ହବାରେ ଝୁରି।
ରାଜା ଭରତଙ୍କ ନାମେ ଭାରତ,
ମହାନ ଦେଶ ସବୁଠି ବିଦିତ।
ମହାବଳୀ ଅଶୋକଙ୍କ ସ୍ତମ୍ଭକୁ,
ଜାତୀୟ ଚିହ୍ନ ଗୌରବ ଦେଶକୁ।

ଜାତୀୟ ପତାକା ତ୍ରିରଙ୍ଗା ଜାଣ,
କେଶରୀ ଧବଳ ସବୁଜ ବର୍ଣ୍ଣ।
ଜନଗଣମନ ଜାତୀୟ ଗାନ,
ଜାତୀୟ ଗୀତ ବନ୍ଦେ ମାତରମ।

ଜାତୀୟ ନଦୀ ଗଙ୍ଗା ମା ଯାହାର,
ପୟର ପଖାଳେ ଯୋଉ ମାଟିର।
ସେ ମାଟିର ଆମେ ବୀର ସନ୍ତାନ,
ପ୍ରଣାମ କରୁ କରି ଜୟ ଗାନ।

ହକି ଖେଳ ଯେ ଜାତୀୟ ଖେଳଟି,
ବିଦେଶୁ ଆଣିଛି ଯଶ ସାଉଁଟି।
ବରଗଛ ଆମ ଜାତୀୟ ଗଛ,
ଛାଇରେ ଆଶ୍ରୟଦାତା ଜାଣିଛ।
ପଦୁଅଁ ଫୁଲଟି ଜାତୀୟ ଫୁଲ,
ସୁନ୍ଦର ପାଖୁଡ଼ା କେ ସମତୁଲ।
ଜାତୀୟ ଫଳଟି ଆମ୍ବ ଜାଣିଥା,
କଂଚାଥିଲେ ଖଟା ପାଚିଲେ ମିଠା।

ବରଷାକୁ ଦେଖି ନାଚେ ମୟୂର,
ମୟୂର ଜାତୀୟ ପକ୍ଷୀ ଆମର।
ମହାବଳ ବାଘ ଜାତୀୟ ପଶୁ,
ବଣର ରଜା ସେ ହସୁଛି ହସୁ।
ଅହିରାଜ ଜାତୀୟ ସରୀସୃପ,
ହାବୁଡ଼େ ପଡ଼ିଲେ ଦେଖାଏ କୋପ।
ବସ ପିଲାମାନେ କତିକି କତି,
ଏସବୁ ଆମ ଜାତୀୟ ସଂପତ୍ତି।

■

ଭୁଲିବିନି କେବେ

ଯା କୋଳରେ ମୁଁ ଜନମ ନେଲି
  ଯୋଉଠି ଥାଇ ବଡ଼ ହୋଇଲି,
ସିଏ ତ ମୋର ଜନମ ମାଟି
  ସେ ମାଟି ଦେହମୁଣ୍ଡେ ବୋଳିଲି,
ଭୁଲିବିନି କେବେ ଭୁଲିଯିବିନି
  ମୁଁ ତାଆର କୋଳ ସନ୍ତାନ ବୋଲି।

ନୀଳ ସାଗର ଯା ପାଦ ଧୋଉଛି
ହିମାଳୟ ଯା ମୁକୁଟ ସାଜିଛି,
ଗିରି ଛାତି ଚିରି କଳକଳ ବହେ
ଝରଣା ତାର ଗଳାମାଳି,
ଭୁଲିବିନି କେବେ ଭୁଲିଯିବିନି
ମୁଁ ତାଆର କୋଳ ସନ୍ତାନ ବୋଲି ।

ପୂର୍ବ ପଶ୍ଚିମ ଉତ୍ତର ଦକ୍ଷିଣ
କେତେ ଜାତି କେତେ ଧର୍ମ ଭିନ୍ନଭିନ୍ନ,
ଏକ ଭାବନାରେ ବନ୍ଧା ଏକତାରେ
ମତ ଆମ ଥାଉ ଭଲିଭଲି,
ଭୁଲିବିନି କେବେ ଭୁଲିଯିବିନି
ମୁଁ ତାଆର କୋଳ ସନ୍ତାନ ବୋଲି ।

ବରଷାଖରା ଶୀତ କାକରରେ
ଯା ସଇନ ଠିଆ ଶତ୍ରୁ ମୁହଁରେ,
କମାଣ ତୋପର ନାହିଁ ଯେ ଡର
ତୁଚ୍ଛ ପ୍ରାଣ ଦେଇଦେବି ବଳି
ଭୁଲିବିନି କେବେ ଭୁଲିଯିବିନି
ମୁଁ ତାଆର କୋଳ ସନ୍ତାନ ବୋଲି ।

ଦେଶ ବିଦେଶରେ ମହାକାଶରେ
ବିଜ୍ଞାନ ଯାହାର ନୂଆ ରୂପରେ,
ପରିଚୟ ଭିନ୍ନ ଜୟ ଜୟ ଗାନ
ସବୁଠାରେ ପଡୁଅଛି ଉଛୁଳି ,
ଭୁଲିବିନି କେବେ ଭୁଲିଯିବିନି
ମୁଁ ତାଆର କୋଳ ସନ୍ତାନ ବୋଲି ।

ଯା ମାଟିରେ ସୁନା ଫସଲ ଫଳେ
ହସୁଥାଏ ଚଷା ଅମଳ ବେଳେ,
ସରଗ ମୋ ପାଇଁ ମୋ ଜନମ ଭୂଇଁ
ସବୁ ସହେ ମୋର ଅଳି ଅର୍ଦ୍ଦଳି ,
ଭୁଲିବିନି କେବେ ଭୁଲିଯିବିନି
ମୁଁ ତାଆର କୋଳ ସନ୍ତାନ ବୋଲି ।

■

ସୈନିକ ହେବା

ଦେଶମାଟି ପାଇଁ ସେବା କରିବା,
ସୈନିକ ହେବାରେ ସୈନିକ ହେବା,
ସୀମା ସରହଦ ଜଗି ରହିବା ,
ଶତ୍ରୁ କମାଣକୁ ଜବାବ ଦେବା,
ସୈନିକ ହେବାରେ ସୈନିକ ହେବା।

ଯେଉଁ ମାଟି କୋଳେ ଜନମ ନେଲୁ,
ଯା ପଣତ ତଳେ ବଡ଼ ହୋଇଲୁ ,
ଏ ଜୀବନ ଥରେ ଗଢ଼ା ଯା ହାତରେ,
ତା କଥା କି ଆମେ ଭୁଲିପାରିବା,
ସୈନିକ ହେବାରେ ସୈନିକ ହେବା।

ପରିଚୟ ଦେଲା ଯିଏ ଆମର ,
ଦାନା କନା ଦେଲା ହୋଇ ନିଜର,
ତା ହୃଦୟ କୋହ ତା ଆଖିର ଲୁହ,
ପୋଛିବା ପାଇଁକି ଆଗେଇ ଯିବା ,
ସୈନିକ ହେବାରେ ସୈନିକ ହେବା ।

ବଣ ପାହାଡ଼ର ସୀମା ଉପରେ,
ବନ୍ଧୁକ ଧରିକି ଠିଆ ହେବାରେ,
ଖରାବର୍ଷା ଶୀତ ଖାତିର ନାହିଁ ,
ଜାତକରେ ନାହିଁ ପଛକୁ ଯିବା,
ସୈନିକ ହେବାରେ ସୈନିକ ହେବା ।

ଜଳ ସ୍ଥଳ ଆଉ ଆକାଶ ପଥ,
ତିନି ବାହିନୀରେ ଆମ ବୀରତ୍ୱ,
ଆମ ତେଜବଳେ ରଣ କଉଶଳେ,
ନୂଆ ଇତିହାସ ଲେଖି ବସିବା,
ସୈନିକ ହେବାରେ ସୈନିକ ହେବା ।

ଲଢ଼ି ବୀରଗତି ପାଇବା ଯେବେ,
ସାର୍ଥକ ହୋଇବ ଜୀବନ ତେବେ,
ମାଟିମାଆ ଋଣ ଶୁଝିବାକୁ ପଣ,
କରିଥିଲେ ଭାଗ୍ୟବାନ ହୋଇବା ,
ସୈନିକ ହେବାରେ ସୈନିକ ହେବା ।

■

କେଡ଼େ ସୁନ୍ଦର

ଫୁଲଗଛେ ଫୁଲ ସୁନ୍ଦର
ତୋଳି ଦିଅଁଙ୍କୁ ଦେବା ,
ଗଛରେ ଫଳଟି ସୁନ୍ଦର
ପାଚିଥିଲେ ଖାଇବା ।

ନୀଳ ଆକାଶଟି ସୁନ୍ଦର
ଯୋଡ଼ି ପକ୍ଷୀ ଉଡ଼ିଲେ,
ବଡ଼ଦ ସୁନ୍ଦର ଦିଶଇ
ଜହ୍ନ ଉଙ୍କି ମାଇଲେ ।

ଗଛଡାଳେ କୋଇଲି ଗୀତ
ଆହା କେଡ଼େ ସୁନ୍ଦର,
ବରଷା ଆସିଲେ ମୟୂର
ନାଚେ କି ମନୋହର ।

ପୋଖରୀରେ ହଂସ ଖେଳିଲେ
ସୁନ୍ଦର ଦିଶୁଥାଇ,
ଜଳେ ନୀଳକଇଁ ଦୋହଲେ
ମନ ନିଅଇ ମୋହି ।

ମାଆ କୋଳେ ଥିଲେ ବାଳୁତ
ସତେ ଅମୃତମୟ ,
ବାଛୁରୀ ପିଇଲେ ଗାଈଠୁ
ଦୃଶ୍ୟ ଅବର୍ଣ୍ଣନୀୟ ।

ପରଜାପତି ଫୁଲେ ବସି
କେଡ଼େ ସୁନ୍ଦର ଦିଶେ,
ନାଆ ବାହୁଥିଲେ ନାଉରି
ଗୀତ ମନକୁ ଆସେ ।

ଚାଟଶାଳି ପ୍ରାର୍ଥନା ସଭା
ସୁନ୍ଦର ପରିବେଶ,
ଗୁରୁଜୀ ପାଦେ ପ୍ରଣିପାତ
ଦୃଶ୍ୟ ମନହରସ ।

ବାଳୁତ ଦରୋଟି ହସ ଯେ
ଲାଗେ ଆହା କି ତୋରା,
ବୋଉ ମଥା ଟୋପା ସିନ୍ଦୂର
ପାଖେ ତୁଚ୍ଛ ସିନ୍ଦୂରା ।

■

ବିଲୁଆ ନନା

ବିଲୁଆ ନନା ବିଲୁଆ ନନା
   ଧାଉଁଛୁ କୁଆଡ଼େ ପଛକୁ ଚାହାଁ,
କାଲି ରାତିରେ ପଡ଼ିଶା ଘରୁ
   ଚୋରେଇ ନେଇଛୁ କୁକୁଡ଼ା ଛୁଆ ।

କକକ କକ ମାଆ କୁକୁଡ଼ା
   ଖୋଜୁଛି ତା ଛୁଆ କୁଆଡ଼େ ଗଲା,
କିଆ ବୁଦାରେ ରହିଚୁ ଲୁଚି
   ଖୋଜୁଛନ୍ତି ତୋତେ ଦଳେ ଚଗଲା ।

ବିଲୁଆ ନନା ବିଲୁଆ ନନା
ନଈ କୂଳେକୂଳେ ବୁଲୁଛୁ କାହିଁ,
ଛପିଛପିକା ମାଛ କଙ୍କଡ଼ା
ଏକା ଡିଆଁକରେ ଧରୁଛୁ ତୁହି ।

କିଆବୁଦାରେ ଅତି ଯତନେ
ସଜାଡ଼ି ସଜାଡ଼ି କରିଛୁ ଘର,
ତୋ ପିଲାଛୁଆ ରଖିଛୁ ସେଠି
ଗଢ଼ିଛୁ ଗୋଟିଏ ଛୋଟ ସଂସାର ।

ବିଲୁଆ ନନା ବିଲୁଆ ନନା
ଅନ୍ଧାରେ ରାତିରେ ଯାଉ କେମିତି,
ଆଁ କରିଲେ ପାଟିରୁ ତୋର
ଆଲୁଅ ବାହାରେ ଥରାଏ ଛାତି ।

ରାତି ହୋଇଲେ ରାଜୁତି ତୋର
ଗାଆଁ ଗାଆଁ ବୁଲୁ ବାରି ଦୁଆର,
ପହରା ଦେଇ ବେଳ ଦେଖିକି
ହୁକେ ହୋ ଡାକୁ ଥରକୁ ଥର ।

କିଆବୁଦାରେ ଲାଗିଲା ନିଆଁ
ବଦଳିଗଲା ଆଜି ଜମାନା,
ଧାଉଁଛୁ କିଆଁ ବିଲୁଆ ନନା
ଘର ପୋଡ଼ିଗଲା ପଛକୁ ଅନା ।

■

ଗଳାର ମାଳି

ଆରେ ଗଳାର ମାଳି ମୋର, ଦୁଃଖୀ ଶଂଖାଳି ମୋର,
ସଞ୍ଜ ନଇଁଲା ରାତି ଆଇଲା ଖେଳ ସରୁନି ତୋର।
ଆକାଶେ ଜହ୍ନ ତାରା, ଆହା ଦିଶଇ କେଡ଼େ ତୋରା,
ଶୋଇଯା ଧନ ରାତି ବଢ଼ିଲା ନ ହୁଅ ନଖରା।

ନାଇଁଲୋ ନାଇଁ ବୋଉ, ମନ ହଉଛି ହାଉଁପାଉଁ,
କାଲିର ଗପ ରହିଛି ଅଧା ନିଦ ଆସିବ କାହୁଁ ?

ଏକଇ ସୌଦାଗର, ଡାକି ତିନିପୁଅକୁ ତାର,
କହିଲା ମୂଳଧନ ନେଇକିରି ବେପାର କର।
ବେପାର ବଣିଜ କରି, ଘରକୁ ଆସିବ ଫେରି,
ବୁଦ୍ଧି ମାପିବି ବଣିଜେ ଲାଭ କରିଲ କିପରି ?

ବଡ଼ପୁଅ ଘରୁ ଗଲା, ଗହଣା ବେପାର କଲା,
ଦୁଇବରଷେ ଦି ଗୁଣା ଲାଭ ଘରକୁ ଆଣିଲା।
ମଝିଆଁ କରିଲା ଚାଷ, ମୁହଁରେ ଫୁଟିଲା ହସ,
ଗହୀର ବିଲ ସବୁଜ ହେଲା ପୂରିଲା ବରଷ।

ଦୁଇ ପୁଅ ଫେରିଲେ, ଲାଭର ହିସାବ ଦେଲେ,
ମୂଳଧନକୁ ବାପାଙ୍କୁ ଦେଇ ପ୍ରଶଂସା ପାଇଲେ।
ସୌଦାଗର ହେଲା ଖୁସି, କହିଲା ହସିହସି,
ଦେଖିଲା ଆଖି ଜଣେ ବେପାରୀ ଜଣେ ସଫଳ ଚାଷୀ।

ନାଇଁଲୋ ବୋଉ ନାଇଁ ମନ ହଉଛି ହାଇଁପାଇଁ,
ସାନପୁଅଟି କୁଆଡ଼େ ଗଲା କହୁନୁ ତୁ କାଇଁ ?

ଆରେ ଜୀବନ ଧନ ,ସାନ ପୁଅର ବଡ଼ ମନ,
ମୂଳଧନକୁ ଗୁରୁକୂଳେ ଗୁରୁଙ୍କୁ କଲା ଦାନ।
ପାଠ ଶାଠ ପଢ଼ିଲା, ବଡ଼ ହାକିମ ହୋଇଗଲା ,
ସୌଦାଗର ପୁଅପାଖେ ଦି ଟୋପା ଲୁହ ଝାଡ଼ିଲା।

ସତ କହୁଛି ବୋଉ , କାଲି ସକାଳ ହଉ,
ପାଠ ପଢ଼ିବି ହାକିମ ହେବି ଗପ ଏତିକି ଥାଉ।

ବଣ ନାଚଗୀତ

ବଣ ମୁଲକରେ ପଡ଼ିଲା ହୁରି ,
ସିଂହ ରଜାଙ୍କର ଘୋଷଣା ଜାରି ।
ଡଗର ସାଜିକି ନେଉଳ ଭାଇ,
ଗଳିଗଳି ଗଲା ଖବର ଦେଇ ।
ସାଙ୍ଗରେ ଗଧିଆ କାନ୍ଧେ ଢେଙ୍ଗୁରା,
ଢେଙ୍ଗୁରା ବାଜିଲା ଘେରାକୁ ଘେରା ।
ରଜାଘରେ ବଣଭୋଜି ହୋଇବ,
ନାଚଗୀତ ଦେଖି ଖାନା ଖାଇବ ।
ନାଚଗୀତ ଭଲ ଯିଏ କରିବ,
ରଜାଙ୍କଠୁ ପୁରସ୍କାର ପାଇବ ।

ମଂଚ ରହିଥିଲା ସଜେଇ ହୋଇ,
ତୁଙ୍ଗା ବାଜୁଅଛି କାନ ଫଟେଇ ।
ବଣରଜା ବିଜେ ସିଂହାସନରେ,
ସେନାପତି ବାଘ ଠିଆ ପଛରେ ।
ମନ୍ତିରୀ ବିଲୁଆ ଚିଠା କାଢ଼ିଲା,
ପ୍ରତିଯୋଗୀଙ୍କର ନାଁ ପଢ଼ିଲା ।
ତାଧିନ ଧିନାଧି ଗଧିଆ ଭାଇ ,
ପହିଲେ ନାଚିଲା ଗୋଡ଼ ଉଠେଇ ।
ହସିଲେ ସମସ୍ତେ ତାଳି ବାଜିଲା,
ଲାଜରେ ଗଧିଆ ବସିପଡ଼ିଲା ।

ଝୁମୁରୁଝୁମୁରୁ ଝୁମୁରୁ ଝାଇଁ,
ଭାଲୁ ନାଚକଲା ବାଜା ବଜେଇ ।
ତାଳରେ ନାଚିଲା ପାଦ ପକେଇ,
ସମସ୍ତଙ୍କ ମନ ନେଲା ସେ ମୋହି ।
ଗଛରୁ ଡେଇଁଲା ହନୁମାଙ୍କଡ଼,
ଡିଙ୍ଗିଡିଙ୍ଗା ନାଚ ଢୋଲକି ମାଡ଼ ।
ସେକାଳେ ବରଷା ଘୋଟି ଆଇଲା,
ମୟୂରୀ ପୁଚ୍ଛକୁ ମେଲେଇଦେଲା ।
ଛମ୍‌ଛମ୍‌ଛମ୍ ନାଚେ ମୟୂରୀ
ସଭାରେ ମୟୂରୀ ପ୍ରଶଂସା ଭାରି ।

ନାଚ ପରେ ଗୀତ ଆରମ୍ଭ ହେଲା,
ମନ୍ତିରୀ ବିଲୁଆ ଆଗ ଗାଇଲା ।
ହାତୀଶୁଣ୍ଢ ଟେକି ରଡ଼ି ଛାଡ଼ିଲା,
ତା ଗୀତରେ ସଭାମଂଚ କମ୍ପିଲା ।
ଠେକୁଆ କୋକି ବଣଗାଈ ହରିଣୀ ,
କାଉ ବଗ ଶୁଆ କପୋତ ବଣି ।
କୋଇଲି ଗାଇଲା କୁହୁ ତାନରେ,
ରଜା ଠିଆ ହେଲେ ଖୁସି ମନରେ ।
ନାଚରେ ମୟୂରୀ ଗୀତେ କୋଇଲି,
ପୁରସ୍କାର ନେଲେ ବାଜିଲା ତାଳି ।

■

ରୁରୁରୁ ରୁରୁ : ପରୀ ଆସିଛି

ରୁରୁରୁ ରୁରୁ ରୁରୁରୁ ରୁରୁ,
ପରୀ ଆଇଚି ସରଗପୁରୁ ।
ଆଖିରେ ତାର ସାତ ସପନ,
ସପନେ ଗପ ମନ ଉଛନ ।
ଟିକି ପାଦରେ ଥିଇରି ଚାଲି,

ନାଲିଆ ଓଠ ଟିକି ପାପୁଲି ।
ରୁପା ଜହ୍ନଠୁ ରୂପ ଆଣିଛି,
ଫୁଲରୁ ହସ ଚୋରି କରିଛି ।
ଜାଣିଛି ସିଏ ଯାଦୁ ମନ୍ତର,
ହସିହସିଲେ ହସୁଛି ଘର ।

ରୁରୁରୁ ରୁରୁ ରୁରୁରୁ ରୁରୁ,
ପରୀ ନାଚଇ ଫୁରୁଫୁରୁରୁ ।
କଣ୍ଢେଇ ସାଙ୍ଗେ ଗାରୁରୁଗାରୁ,
ପାଦରେ ବନ୍ଧା ଟିକି ଘୁଙ୍ଗୁରୁ ।
ରେଶମୀ ଚୁଟି କଂଚିକଂଚିକା,
ରିବନବନ୍ଧା ଝିଲିମିଲିକା ।
କଳା ଟିପାଟି ଗାଲରେ ଅଛି,
ନଜର ପାଇଁ ମାଆ ଦେଇଛି ।
ମଥା ଟିକିଲି ରଙ୍ଗକୁ ଚୁଡ଼ି,
ଯେମିତି ହସେ ଗୋଲାପ କଢ଼ି ।

ରୁରୁରୁ ରୁରୁ ରୁରୁରୁ ରୁରୁ,
ପରୀ ଖେଳିଲେ ବାଜେ ଘୁଙ୍ଗୁରୁ ।
ଚକର କାଟି ଚକା ଭଉଁରୀ,
ମାମୁ ମାରୁନି ମାଇଁକି ଡରି ।
ଗଡ଼ିଗଡ଼ିକା ପେଣ୍ଡୁ ଗଡ଼ଇ,
ପଛେ ଧାଇଁଲେ ମଜା ଲାଗଇ ।

ଲୁଚିଲୁଚିକା ଲୁଚକାଳିରେ,
ଥକା ଲାଗିଲେ ମାଆ କୋଳରେ ।
ଫୁଲ ଝୁଲଣା ଫୁଲରେ ବାସେ,
ଖେଳିଲେ ପରୀ ଅଗଣା ହସେ ।

ରୁରୁରୁ ରୁରୁ ରୁରୁରୁ ରୁରୁ,
ପରୀ ପଢ଼ିବ ଖେଳଟି ସରୁ ।
ସଜାରେ ସଜା ବହି ପତର,
ଆଙ୍କିବ ସିଏ କେତେ ଚିତର ।
ବୁଢ଼ୀ ଅସୁରୁଣୀ ମଜା ଗପଟି ,
ଶୁଣିବା ପାଇଁ ନିଦ ନାହିଁଟି ।
ଆଆରେ ଆଆ ନିଦ ମାଉସୀ,
ଗପ ସଇଲା ପାଖରେ ବସି ।
ଶୁଆଇ ଦିଏ କୋଳରେ ଧରି,
ଭୋଅରୁ ପୁଣି ଯିବ ସେ ଫେରି ।

■

ପଞ୍ଚମ ପାଖୁଡ଼ା

ବଣମୁଲକରେ ରହିଥାନ୍ତି ଜାତିଜାତି ଜୀବ। ସେମାନେ ନିଜର ନିରାପତ୍ତା ପାଇଁ ସଜାଡ଼ି ଦେଇଛନ୍ତି ମାଫିକ୍ ମାଫିକ୍ ଘର। ଆହାର ବିହାର ପାଇଁ ସେଠାରେ ରହିଥାଏ ସବୁ ବ୍ୟବସ୍ଥା। ବାଘର ଗୁମ୍ଫା, ବିଲୁଆର କିଆ ଘୁନ୍ଦଲା, କୋକି, ମୂଷା, ସାପଙ୍କର ଗାତ , ହାତୀର ଘନ ବନ, ଭାଲୁର ପଥର ଗୁହା , ମାଙ୍କଡ଼ର ଗଛଡାଳ, ଚଢ଼େଇର ବସା, ପାରାର ମନ୍ଦିର ଗୁହାରେ ମେଲାଇ ଦେଇଥାନ୍ତି ନିଜ ନିଜ ସଂସାର। ସେମାନଙ୍କ ଘର କରଣାକୁ ସଜାଡ଼ି ଦେବାକୁ ଶିଶୁ ମନରେ ଆସିଥାଏ ସ୍ୱପ୍ନିଳ ପ୍ରୟାସ। ସେହିପରି ପ୍ରକୃତିର ଆଉ ଏକ ସଜଡ଼ା ପ୍ରୟାସ ଆମ ଜାତୀୟ ଗଛ, ବରଗଛ। ଗାଆଁ ମଶାଣିରେ ଠିଆ ହୋଇ , ସମସ୍ତ ଘଟଣାର ମୂକସାକ୍ଷୀ ହୋଇଥାଏ, ଚଢ଼େଇ କଳରବର ଅପୂର୍ବ ଅର୍କେଷ୍ଟ୍ରା। ଖାଦ୍ୟ ଖାଦକର କୁନି ଅଭୟାରଣ୍ୟ। ସମୟ ବିଶେଷରେ ବଇଦର ଚେରମୂଳିକାର ସମ୍ଭାର।

ଶିଶୁ ମନକୁ ବହଲେଇ ଦେଇ ଗୀତରେ ଗୀତରେ ବୁଦ୍ଧି ଶିଖେଇବାର ପ୍ରୟାସ କରିଛି କବିପ୍ରାଣ। ଗୋଟିଏ ପରେ ଗୋଟିଏ, ଥାକ ପରେ ଥାକ , ପାହାଚ ପରେ ପାହାଚର ଲମ୍ବା ଫର୍ଦ୍ଦକୁ ପ୍ରସାରିତ କରନେଇଛି। ଦୁଇ ବଣି ଶୁଭ, ତିନି ମାଙ୍କଡ଼ର ସର୍ବକାଳୀନ ବାର୍ତ୍ତା, ଚାରି ଚରଣରେ ପିତାଙ୍କ ଆରାଧନା, ପଂଚ ପରମେଶ୍ୱର , ଖେଳ ପଡ଼ିଆର ଛକା, ବର୍ଣ୍ଣାଳୀର ସପ୍ତବର୍ଣ୍ଣବିଭା, ନଅଙ୍କ ଦୁର୍ଭିକ୍ଷ, ବାର ଭାଇ ଆଖଡ଼ା, ସାତ ଦରିଆ ତେର ନଈର ଦୂରତା, ଚଉଦପୁରୁଷର ମହିମା, ପନ୍ଦର ଅଗଷ୍ଟର ମହନୀୟ ଅନୁଚିନ୍ତା, ସବୁକିଛି ବାଢ଼ିଦେଇଛି କବିମନ।

ଗାଆଁର ନାଁ ସତରେ ଭାରି ନିଆରା । ଗାଁ ନାଁ ଶୁଣିଦେଲେ ଅନୁଭବି ମନରେ ଭାବନାର ସୁନାକ୍ଷେତ ଲହଡ଼ି ମାରେ । ମନପକ୍ଷୀ ଉଡ଼ିଯାଏ , ପରିଚିତ ଇଲାକାକୁ । କର୍ତ୍ତବ୍ୟ ଆହ୍ୱାନରେ ହେଉ କି ସଂକୀର୍ଣ୍ଣତାର ଦାୟରେ ହେଉ ଗାଆଁକୁ ଯାଇ ନ ପାରିଲେ ସେ ଝୁରିହୁଏ । ହୃଦୟର ନରମ ମାଟିରେ କୁନିକୁନି ଗଛ କଅଁଳାଏ । ଚଷା ପୁଅର ବେଉସା, ଗାଁ ମନ୍ଦିରର ସଂସ୍କୃତି ପ୍ରାଣ ବିଚାରବୋଧ, ପେଟପାଟଣା ପାଇଁ ସଜଡ଼ା ବୁନିଆଦି ଚିଜ, ଭାଇଚାରାକୁ କବିଙ୍କ ବିଚାରବୋଧ ପ୍ରଣାମ ଜଣାଉଛି । ସୁନା ଚଢ଼େଇର ପରିକଳ୍ପିତ ସମ୍ବୋଧନରେ ଶିଶୁମନକୁ ତଲ୍ଲୀନ କରିବାକୁ କବିପ୍ରାଣ ପ୍ରୟାସ କରିଛି । ଗଢ଼ିଦେଇଛି ଆଗେଇ ଯିବାର ସୁଦୃଢ଼ ସରଣୀ । ଗୀତରେ ଗୀତରେ ଷୋଳପଣ ଚଳଣି । ଷୋଳ ଗାଆଁରେ ସୂଚିତ କରିଛନ୍ତି । ଶେଷରେ ସେ ଆମର ଐତିହ୍ୟ, ବିଶ୍ୱ ଦରବାରରେ ଆମକୁ ପରିଚିତ କରାଇଥିବା ପାରାଦ୍ୱୀପ ବନ୍ଦରର ଉପାଦେୟତାକୁ ଉଖାରି ଦେଖାଇଛନ୍ତି । ପୁଷୀ ମୂଷୀଙ୍କ ହାଟ ବୁଲା ମାଧ୍ୟମରେ କବି ଶିଶୁମନକୁ ଛୁଇଁଲା ଭଳି ଜାତିଜାତିକା ଚିଜ, ଯାହାର ଯାହା ପ୍ରିୟ ସେସବୁ ଉଲ୍ଲେଖ କରିଛନ୍ତି । ଶେଷରେ କୁନିପିଲା କୁନିଠାକୁରଙ୍କ ପ୍ରତି ରହିଥିବା ଦରୋଟି ଭଲପାଇବାକୁ କବି ପ୍ରକାଶ କରି, ନିଜର ଭକ୍ତି ସୁଲଭ ଭାବକୁ ସୂଚିତ କରିଛନ୍ତି । ଫୁଲର ଅନ୍ତିମ ପାଖୁଡ଼ାରେ କବି ଶିଶୁମନକୁ ସୁହାଇଲା ଭଳି ଭାବକୁ ଦଶଟି କବିତାରେ ପରିବେଷଣ କରିଛନ୍ତି, ହୃଦୟଛୁଆଁ ନିନାଦରେ । ମୋଟାମୋଟି ରୁରୁରୁ ରୁରୁ ର ଏକାବନଟି କବିତା ପିଲାମାନଙ୍କ ମନ ଛୁଇଁବ ବୋଲି କବି ଆଶା ବାନ୍ଧିଛନ୍ତି ।

■

ଘର ଦେଖା

ମିଲୁ ସାଙ୍ଗ କଲା ମିଲିକି
ବଣ ଘର ଯିବା ବୁଲିକି
ତାଲିକା ବାହାର ଧରିକି
ସକାଳୁସକାଳୁ କାଲିକି ।

ବାଘମାମୁ ଘର ଗୁମ୍ଫାରେ
ଦୂରରୁ ଜୁହାର ପକାରେ
ବିଲୁଆ ନନାଙ୍କର ଘର
କିଆ ଘୁଦଲାର ଭିତର ।

ବନ୍ଧହିଡ଼ ବୁଦା ମୂଳରେ
ଗହିରିଆ ଗାତ ଖୋଲିରେ
ସେଠି କୋକିଶିଆଳୀ ଘର
ଗାତୁଆ ମୂଷାର ସଂସାର ।

ସାପ ଘର ହୁଙ୍କା ଗାତରେ
ହାତୀ ଘର ଘୋର ବନରେ
ଝଙ୍କାଳିଆ ଝାଡ଼ର ମୂଳେ
ଭାଲୁ ନିଜ ଘରଟି ତୋଳେ।

ଉଚ୍ଚା ଗଛର ଅଗଡାଳ
ହନୁମାଙ୍କଡ଼ ଖେଳଘର
ସ୍ଥାୟୀ ଘର ନାହିଁ ନିଜର
ଡେଇଁ ଭାଙ୍ଗଇ ପର ଘର।

ଚଢ଼େଇ ମଧ୍ୟେ କାରିଗର
ବାଇଚଢ଼େଇ ନାଆଁ ତାର
ବୁଣାବୁଣି ଘର ଝୁଲଇ
ବାଆ ବତାସ ଡର ନାହିଁ।

କାଠହଣା ପେଚା ପକ୍ଷୀର
ଗଛର କୋରଡ଼େ ଯେ ଘର
ଆଉ ଯେତେ ପକ୍ଷୀ ରହିଲେ
ଗଛ ଡାଳେ ଘର କରିଲେ।

ଘରଚଟିଆ ଚାଳଘର
ପାରାଘର ମନ୍ଦିର ଚୂଳ
ମିଲୁ ମିଲି ତାଲିକା କଲେ
ଘର ଦେବେ ମଂଜୁର ହେଲେ।

ବରଗଛ

ବରଗଛ , ଗାଆଁ ବରଗଛ ମୁଁ
ମୋ ଜନମ ବେଳେ ଗାଆଁ ବସିଥିଲା,
ଆଖି ଛୁଉଁଚି ମୁଁ କହିବିନି ମିଛ
ସରଗ ଗଲେଣି କେତେ ଗାଆଁବାଲା ।

କିଚିରିମିଚିରି ଧାନ ଚିରିଚିରି
ଉଛୁଳି ପଡ଼ଇ ଚଢ଼େଇ ନୀଡ଼,
କେତେ ସରୀସୃପ, ଖାଦ୍ୟ ଓ ଖାଦକ
ଭିଡ଼ କରିଥାନ୍ତି ଡାଳ କୋରଡ଼ ।

ନିଦାଘ ବେଳରେ ଅନେକ ପଥିକ
ଲୋଡ଼ନ୍ତି ମୋହର ଶୀତଳ ଛାଇ,
ମୋ ଫଳ ପତର ବକ୍କଳ ଖିର
ପଥି କରୁଥାଏ ବଇଦ ଭାଇ ।

ରହିଅଛି ସାକ୍ଷୀ ମୋ ପାଖ ଦେଇ
ବର ଯାଇଅଛି ପାଲିଙ୍କି ଚଢ଼ି,
ସୁନା କନିଆଁର ସବାରୀ ଯାଇଛି
ହାଙ୍କୁ ଧାବଲ ମୁଁ ଶୁଣିଛି ରଡ଼ି ।

କାଲିଥିଲା ଯିଏ ଶିଙ୍ଘାଣୀ ନାକି
ଆଜି ସେ ସୁନ୍ଦରୀ ବୋହୂ ହୋଇଛି,
ଭାର ନବା ପାଇଁ ବାପଘର ଆସି
ମୋ କୋଳରେ ବୋହୂଚୋରି ଖେଳୁଛି ।

କେତେ ଯେ ଗରବ ମଶାଣି ଜୁଇରେ
ମିଳେଇଛି ଏଇ ଆଖି ଦେଖିଛି,
ସେନେହ କରିଲେ ସନମାନ ପାଇ
ବରଗଛ ମୁଁ ଯେ ସାକ୍ଷୀ ରହିଛି ।

■

ଅନାବନା

ଏକ କଥା ଏକ ଜବାବ ଯା'ର ,
ସମାଜରେ ମଥା ଉଚ୍ଚା ତାହାର ।
ଦୁଇଟି ବଣିକୁ ଦେଖିଲେ ଶୁଭ,
ଭଲରେ ଦିନଟି ଜାଣ କଟିବ ।
ତିନି ମାଙ୍କଡ଼ଙ୍କ ଏହି ବାରତା,
ନ ଦେଖ ନ ଶୁଣ ନ କୁହ କୁକଥା ।
ଚାରି ଚରଣ ପିତାମାତାଙ୍କର,
ନିତି ଛୁଇଁଥିଲେ ଆଶିଷ ଝର ।

ପାଂଚ ଭଦ୍ରଲୋକ ନିଶାପ କଲେ,
ନିଶାପରୁ ନ୍ୟାୟ ନିଶ୍ଚୟ ମିଳେ ।
ଛକା ମାରିଦେଲା ଆମ ବିକଳି,
ଖେଳ ପଡ଼ିଆରୁ ଶୁଭିଲା ତାଳି ।

ସାତ ରଙ୍ଗେ ଇନ୍ଦ୍ରଧନୁ ପଡ଼ିଛି,
ଆକାଶ ଆହା କି ଶୋଭା ଦିଶୁଛି।
ଆଠଓଲା ଗଲେ ବେପାର କରି,
ମୂଳଧନ ଛାଡ଼ି ଆସିଲେ ଫେରି।

ନଅଙ୍କ ଦୁର୍ଭିକ୍ଷ ପଡ଼ିଛି ଯେବେ,
ଉଜୁଡ଼ି ଯାଇଛି ଜୀବନ ସେବେ।
ଦଶମାଣ ବିଲ ଚଷା ଚଷୁଛି,
ଦୁନିଆକୁ ଆହାର ଯୋଗାଉଛି।
ଏଗାର ଜଣରେ କ୍ରିକେଟ୍ ଦଳ,
ବାଜୁଅଛି ତାଳି ଜମୁଛି ଖେଳ।
ବାରଭାଇଙ୍କର ଆଖଡ଼ା ଘର,
ନିତି ଖଟି ସେଠି ଗୋଳ ଜବର।

ତେରନଈ ସାତ ଦରିଆ ପାରି,
କାଳିଝିଅ ଆଣିଛି ବୋହୂ କରି।
ଚଉଦ ପୁରୁଷ ଗାଳି କରୁଛି,
ଗୋଡ଼ ତଳେ ପଡ଼ି କ୍ଷମା ମାଗୁଛି।
ପନ୍ଦର ଅଗଷ୍ଟ ଦେଶ ସ୍ୱାଧୀନ,
ତ୍ରିରଙ୍ଗା ଉଡ଼ାଇ ରଖିବା ମାନ।
ଷୋହଳ କଳା ଯେ କଳାଠାକୁର,
ସେଥିରୁ କଳାଏ ନନ୍ଦପୁଅର।

■

ଗାଆଁ ଓ ନାଆଁ

ଗାଆଁକୁ ପଶିଲେ ନାଆଁ ଜାଣିବ,
ନାଆଁରୁ ଗାଆଁର ଭାବ ବୁଝିବ ।

ଗାଆଁମୁଣ୍ଡେ ଯଦି ରହିଛି ଖଳା,
ଜାଣିବ ସେଠାରେ ଚାଷ ଭେଳା ।

ପାଚିଲା ଧାନର ସୁନା ଲହଡ଼ି ,
ଚଷା ପୁଅ ହାତେ ପାଂଚଣ ବାଡ଼ି ।

ଯୋଡ଼ି ବଳଦକୁ ହଳ ଲଙ୍ଗଳ,
ବୁଝାପଡ଼େ ଗାଆଁ କେତେ ସ୍ୱଚ୍ଛଳ ।

ଗାଆଁ ମନ୍ଦିରର ଶୋଭାକୁ ଦେଖି,
ବୁଝିବ ସେ ଗାଆଁ ସଂସ୍କୃତି ସାକ୍ଷୀ ।

ଗାଆଁର ବୈଠକି ଗାଆଁ ଯନ୍ତାଳ,
ରଜ ପୋଡ଼ପିଠା ଚଇତି ଦୋଳ ।

ଗାଈ ଚରୁଥିଲେ ଗାଆଁ ଦାଣ୍ଡରେ,
ଦୁଧ ଦହି ଭାସେ ସେଇ ଗାଆଁରେ ।

ସଞ୍ଜରେ ଖଞ୍ଜଣି ମାଡ଼ ଶୁଭିଲେ,
ଧରମ କରମ ବୁଝିବ ଭଲେ ।

ନଈ ବହିଯାଉଥିଲେ ସେଠାରେ ,
ନଉକା ଦେଖିବ ଘାଟ ମୁଣ୍ଡରେ ।

ଚାଳମୂଳେ କାତ କେଲର ଥୁଆ,
ପୋଲୁହ ଅନ୍ଧୁଲି ଭସା ଜାଲିଆ ।

ଧୀବର ଅଛନ୍ତି ସେଇ ଗାଆଁରେ,
ଜାଲ ବାହୁଥିବେ ନଈ ମଝିରେ ।

ଗାଆଁ ଦୁଶୁଥିଲେ ସଫା ସୁତୁରା,
ଭଲ ସଚେତନ ସେ ଗାଆଁ ପରା ।

ପିଲାଙ୍କ କାନ୍ଧରେ ବହି ବସ୍ତାନି ,
ସେ ଦୃଶ୍ୟ ମନକୁ ନିଅଇ ମାନି ।

ପାଠଶାଳା ଆଗେ ଗୁରୁଜୀ ଠିଆ ,
ଶିଷ୍ୟ ମାରେ ଗୁରୁ ପାଦେ ମୁଣ୍ଡିଆ ।

ମନ୍ଦିରରେ ଶଙ୍ଖ ଘଂଟା ବାଜଇ,
ମସ୍‌ଜିଦରେ ନମାଜ ଶୁଭୁଥାଇ ।

ବଡ଼ ଭାଇଚାରା ସେଇ ଗାଆଁର ,
ବଡ଼ ପଣିଆକୁ କର ଜୁହାର ।

■

ସୁନା ଚଢ଼େଇ

ସୁନା ଚଢ଼େଇ ମୋ ସୁନା ଚଢ଼େଇ
ଚିକୁ ମିକୁ ନିଦ ନିଏ ଛଢ଼େଇ
ଭୋଅରୁ ଭୋଅରୁ ଝରକା ପାଖରେ
ପର ଝାଡ଼ି ଗୀତ ଗାଇବୁ ତୁହି
ସୁନା ଚଢ଼େଇ ମୋ ସୁନା ଚଢ଼େଇ ।।

କିଚିରିମିଚିରି ଏ ଡାଳ ସେ ଡାଳ
ଗୀତରେ କହିବୁ ହେଲା ସକାଳ
ସିନ୍ଦୂରା ଫାଟିଲା ସୁରୁଯ ଉଇଁଲା
ଦୁବରେ କାକର ଝଲସିଗଲା
ଖୁଦ ବୁଣିଦେବି ଖୁଂଟି ଖାଉଥିବୁ
ନିଦରୁ ଟିକିଏ ଦିଏ ଉଠେଇ
ସୁନା ଚଢ଼େଇ ମୋ ସୁନା ଚଢ଼େଇ ।।

ଚିକୁ ମିକୁ ଯେବେ ଉଠି ବସିବେ
ମୁଖ ପଖାଳିକି ଧ୍ୟାନ କରିବେ
ଧ୍ୟାନ ସାରି ବାପାମା ପାଖ ଯାଇ
ପ୍ରଣାମ କରିବେ ମୁଣ୍ଡ ନୁଆଁଇ
ସର ଲବଣୀ ତୋ ଥଂଟରେ ଦେବି
କହିଦେ ଅଝଟ ହୋଇବେ ନାହିଁ
ସୁନା ଚଢ଼େଇ ମୋ ସୁନା ଚଢ଼େଇ ।।

ପାଠପଢ଼ି ଯିବେ ଚାଟଶାଳିକି
ଘରେ ରହି ହଉଥିବି ଭାଳିକି
ଗୁରୁଜନ ଯଥା ମାନ କରିବେ
ପାଠ ଯାହା ଦେବେ ପଢ଼ି ବସିବେ
ତୋ ସୁନା ପରକୁ ଆଉଁସି ଦେବିରେ
ମୋ ଧନ ପାଖ ତୁ ଛାଡ଼ିବୁ ନାହିଁ
ସୁନା ଚଢ଼େଇ ମୋ ସୁନା ଚଢ଼େଇ ।।

ପାଠ ବେଳେ ପାଠ ଖେଳ ବେଳେ ଖେଳ
ଅଯଥା କଥାରେ ନ କର ଗୋଳ
ମିଛ କହିବେନି ପଣ କରିବେ
ସତ କହୁଥିଲେ ଯଶ ପାଇବେ
ସୁରୁଯ ନଇଁଲେ ସୁନା ଚଢ଼େଇ
ଚୁମା ଦେଇ ନୀଡ଼ ଫେରିବୁ ତୁହି
ସୁନା ଚଢ଼େଇ ମୋ ସୁନା ଚଢ଼େଇ ॥

ଚକାଚକା ଭଉଁରୀ

ଚକାଚକା ଭଉଁରୀ ମାମୁଘର ଚଉଁରୀ,
ମାମୁଘର ଯିବାକୁ ବସିଛି ମନମାରି ।
ଆଆରେ ଧନ ଆଆ ସର ଲବଣୀ ଖାଆ,
ସକାଳେ ମାମୁ ଆଇଲେ ମାମୁ ଘରକୁ ଯାଆ ।

ମାମୁଘର ନଈପାରି ନଉକା ଲାଗିଛି,
ପାରି କରିଆକୁ ନଈ ନାଉରୀ ଜଗିଛି ।
ଢେଉ ଢେଉ ଲହଡ଼ିରେ ନଉକା ଭାସୁଛି,
ତାଳବଣ ସେପାଖେ ମାମୁଘର ଦିଶୁଛି ।

ନଈପଠା ବାରିରେ ବସିଛନ୍ତି ଚଢ଼େଇ,
ପାଳଭୂତ ଜଗିଛି ଦେବ ତାଙ୍କୁ ହୁଡ଼େଇ।
କିଆବୁଦା ମୂଳେ ବିଲୁଆ ଖରା ପୋଉଁଛି,
କୋକିଶିଆଳି ଦୂରେ ମୁଣ୍ଡ ଟେକି ଚାହିଁଛି।

ନଈରେ ଭଉଁରୀ ଜାଲ ପଡ଼େ ରହିରହି,
ମାଛ ମାରୁଛି ଧୀବର ପୂରିଲା ଖାଲେଇ।
ବଗୁଲୀ ନଈକୂଳରେ ଛକିକି ବସିଛି,
ଗୋଟିଏ ଗୋଟିଏ ମାଛ ଧରିକି ଖାଉଛି।

କବାଟ ଖୋଲିକି ଦୁଆରେ ବସିଛି ମାଈଁ,
ମାମୁ ଫେରିବା ବାଟକୁ ରହିଛି ଚାହିଁ।
ଗୋଡ଼ ଧୁଆଇ ପିଢ଼ା ପକାଇ ବସାଇଲା,
ସାତ ତିଅଣ ନଅ ଭଜା ପରଶିଦେଲା।

ମାମୁଝିଅ ପରୀଟି ଗେହ୍ଲେଇ ସେ ଭାରିଟି,
ଟିକେ ଊଣା ହୋଇଲେ ବସେ ମନ ମାରିଟି।
ଗେହ୍ଲେଇ ସେ ଫୁଲେଇ ସେ ହସେ କିରିକିରି,
ଚକାଚକା ଭଉଁରୀ ମାମୁଘର ଚଉଁରୀ।

■

ଷୋଳଗାଆଁ ଗୀତ

ଏକ ଡାଲିଆ ମୋ ସଙ୍ଗାତ ଘର,
ସେ ଗାଆଁକୁ ଗଲେ ଭାରି ଆଦର।

ଦୁଆଡ଼ିଆ ଗାଆଁ ଏମିତି ଜାଣ ,
ଗାଆଁ ଦୁଇପଟେ ରହିଛି ବଣ।

ତିନିଘରିଆର ରସାବଳୀକୁ,
ରୋକି ହେବନାହିଁ ପାଟିଲାଳକୁ।

ଚାରିପାଲିଆର କୁଟୀର ଶିଳ୍ପ,
ତା ପାଇଁ ଲେଖିବା ଛୋଟିଆ ଗଳ୍ପ।

ପଂଚପଲ୍ଲୀ ଗ୍ରାମେଶ୍ୱର ମନ୍ଦିର,
ଶିବପୀଠ ଜାଣେ ସାରା ସଂସାର ।

ଛଘରିଆଠାରୁ ଅଳପ ଦୂର,
ପ୍ରଭୁ ବଳଦେବଜୀୟୁ ମନ୍ଦିର ।

ସାତାଭାୟା ଗ୍ରାମ ତଅପୋଇର,
ଦେବୀ ମଙ୍ଗଳା ଆରାଧ୍ୟା ତାଙ୍କର ।

ଆଠମଲ୍ଲିକ ବୁଣାକାର ଭାଇ,
ତନ୍ତରେ ଗାମୁଛା ଲୁଗା ବୁଣଇ ।

ନଅଗାଆଁ ଥୁଆ ପାଲି କୀର୍ତ୍ତନ,
ଗାଇ ବାଉଥିଲେ ହଜିବ ମନ ।

ଦଶମଉଜାର ବଡ଼ କେନାଲ,
ଚାଷୀଙ୍କ କ୍ଷେତକୁ ମାଡ଼ଇ ଜଳ ।

ଏଗାର ଘରିଆ କନ୍ଦାର ଚାଷ,
ନୂଆ ଜଙ୍ଗଲରେ ଫୁଟିଛି ହସ ।

ବାରମାସୀ ଗାଆଁ ପାହାଡ଼ ଘେରା,
ନଦୀ ନାଳ ଝର ଦିଶଇ ତୋରା ।

ତେରମାଣପୁର ଅଳପ ଦୂର,
ଝଙ୍କଡ଼ ଶାରଳା ଲୀଳା କ୍ଷେତର ।

ଚଉଦକୁଲାଟ ବ୍ରାହ୍ମଣୀ ନଦୀ,
ଦେଇଛି ସାଧବ ସ୍ମୃତିକୁ ଛନ୍ଦି ।

ପନ୍ଦର ନମ୍ବର ମାଛ ବଜାର,
ପାରାଦ୍ୱୀପ ଠାରୁ ଅଳପ ଦୂର ।

ଷୋଳଘର ଗାଆଁ କଳା ସଂସ୍କୃତି,
ଷୋଳ ଗାଆଁ ଗୀତ ଗାଏ ଏମିତି ।

■

ପାରାଦ୍ୱୀପ ବନ୍ଦର

ଆସ ସାଙ୍ଗସାଥୀ ବୁଲିଯିବା ଆମେ
ପାରାଦ୍ୱୀପ ବନ୍ଦରକୁ,
ସେ ଆମ ଗରବ ଭୁଲିବାନି କେବେ
ତା'ର ଗୁଣ ଗାଇବାକୁ ।

ଦେଶ ବିଦେଶରୁ ଜାହାଜ ଲାଗୁଛି
ଆମଦାନୀ ରପ୍ତାନୀରେ,
ବୃହତ ବନ୍ଦର ମାନ୍ୟତା ଲଭିଛି
ପରିଚୟ ରାଇଜରେ ।

ସାଧବ ପୁଅର କୀରତି କାହାଣୀ
ବଖାଣୁଛି ପାରାଦ୍ୱୀପ,
ପରାଶର ମୁନି ତପଭୂମି ଇଏ
ଉତ୍କଳ ରାଇଜ ଦ୍ୱୀପ ।

ମହାଭାରତରୁ ମହା କଳିଯୁଗ
ଲୀଳାରେ ଉଦୟବଟ,
କୁଞ୍ଜବିହାରୀ ଶ୍ରୀ ଲୋକନାଥ ବିଜେ
ପାରାଦ୍ୱୀପ ସନ୍ନିକଟ ।

ନଦୀ ସାଗରର ସଙ୍ଗମ ସ୍ଥଳରେ
ପଥରବନ୍ଧର ଶୋଭା,
ଅଳସ ଭାଙ୍ଗନ୍ତି ଲହରି ମାଳାରେ
ଫେନିଳ ତା ମନଲୋଭା ।

ବନ୍ଦରକୁ ଲାଗି କଳକାରଖାନା
ଦିନକୁ ଦିନ ବଢୁଛି ,
ଶିଳ୍ପ ନଗରୀର ଆଲୋକମାଳାରେ
ଅଂଚଳ ଝଲସୁଅଛି ।

ରାଇଜ ପ୍ରଗତି ମୁଖଶାଳା ଆଜି
ପାଲଟିଛି ପାରାଦ୍ୱୀପ,
ଆସ ପିଲାମାନେ ଦେଖିଯିବା ଆସ
ବନ୍ଦର ନଗରୀ ଶିଳ୍ପ ।

■

ରୁରୁରୁ ରୁରୁ : ପୁଷୀମୂଷୀ

ରୁରୁରୁ ରୁରୁ ରୁ ରୁରୁରୁ ରୁରୁ,
ସଉଦା କିଣିବା ପାଇଁ ହାଟରୁ।

ପୁଷୀ ମୂଷୀ ନୂଆ ଶାଢ଼ି ପିନ୍ଧିଲେ,
ଟଙ୍କା ଧରି ଦୁହେଁ ହାଟକୁ ଗଲେ।

ହାଟରେ ଗରାଖ ଭିଡ଼ ଲାଗିଛି,
ଯେ ଯାହା ପସରା ଖୋଲି ବସିଛି।

ଗଧିଆ ବିକୁଛି ମଣ୍ଡା କାକରା,
କୁକୁର ଥୋଇଛି ସିଙ୍ଗଡ଼ା ବରା ।

କନ୍ଦମୂଳ ଆଳୁ ଭାଲୁ ବିକୁଛି,
ହାତୀ ମୂଳ ଡାଳ ଗଦା କରିଛି ।

ଛେଳି ବିକୁଅଛି କଅଁଳ ଘାସ,
କିଣୁଛି ଠେକୁଆ ହୋଇ ହରଷ ।

ହୋଟେଲ କରିଛି ବିଲୁଆ ନନା,
ଛୁଙ୍କ ଚହଟୁଛି ବଢ଼ିଆ ଖାନା ।

ହନୁ ମାଙ୍କଡ଼ ଯେ କଦଳୀ ଭାର,
ସଜାଡ଼ି ଥୋଉଛି ଥରକୁଥର ।

ରୁରୁରୁ ରୁରୁ ରୁ ରୁରୁରୁ ରୁରୁ,
ପୁଷୀ ଦଗାଦେଲା ମୂଷୀ ପାଖରୁ ।

ପୁଷୀ ବଡ଼ନାନୀ ଦଣ୍ଡି ଧରିଛି,
ଶୁଖୁଆ ଭଜା ସେ ବସି ବିକୁଛି ।

ପୁଷୀ ମନଇଚ୍ଛା ଖାଇଲା ଭଜା,
ରେଜା ଟଙ୍କା ଗଣି ମାଇଲା ମଜା ।

ମୂଷୀ ବଡ଼ଭାଇ ଧାନ ବିକୁଛି,
ଦେଖିଲା ମୂଷୀ ଯେ ଲୁହ ଝାଡୁଛି ।

ଭାଇ ଦେଲା ଧାନ ଖାଇଲା ମୂଷୀ,
ଖୋଜୁଥିଲା କେଣେ ଗଲା ତା ପୁଷୀ ।

ହାଟ ମଝିଟାରେ ଲାଗିଲା କଳି,
ବାଘମାମୁ ମାଡ଼ିବସିଛି ଛେଳି ।

ହାତୀ ମାଡ଼ିଗଲା ବାଘ ଆଡ଼କୁ,
ଯେ ଯୁଆଡ଼େ ଛାଡ଼ି ଗଲେ ହାଟକୁ ।

ପୁଷୀ ମୂଷୀ ସେଠୁ ଖସିଆସିଲେ,
ମିତ ବସିବାକୁ ପଣ କରିଲେ ।

■

କୁନି ଠାକୁର

କୁନି ଠାକୁର ମୋ କୁନି ଠାକୁର
କୁନି କୁନି ହାତେ କଲି ଜୁହାର,
କୁନି ଓଠ ତୋର ଆହାକି ସୁନ୍ଦର
ହସ ପରା ତୋର ଅମୃତ ଝର
କୁନି ଠାକୁର ମୋ କୁନିଠାକୁର ।

କୁନି ଦେଉଳ ବାଲିରେ ତୋଳିଛି
କୁନିଦିଅଁଟିଏ ଆଣି ରଖିଛି,
କୁନି ଫୁଲହାର ଗଳେ ଦେଇଛି
ଚନ୍ଦନ ମଥାରେ ଦେଲି ତୋହର
କୁନି ଠାକୁର ମୋ କୁନିଠାକୁର ।

କୁନି ସିଂହଦ୍ୱାର ହାତେ ଗଢ଼ିଛି
କୁନି ଚାମରେ ଆଳତି କରୁଛି
କୁନି ଓଠେ ମୋର ଶଂଖ ଫୁଙ୍କୁଛି
ଘଂଟା ପିଟୁଅଛି ଥରକୁଥର
କୁନି ଠାକୁର ମୋ କୁନି ଠାକୁର ।

କୁନି ବଡ଼ ଦାଣ୍ଡକୁ ସଜେଇଛି
କୁନି ନଡ଼ିଆ ଗୋଟମା ଆଣିଛି ,
ଝୁଣ୍ଣୁକା କାଗଜେ ରଥ ଗଢୁଛି
ରଥ ଯାତରାକୁ ଦେଲି ଖବର
କୁନି ଠାକୁର ମୋ କୁନିଠାକୁର ।

କୁନି ରଜାଟିଏ ମୁଁ ସାଜିଅଛି
କୁନି ଝାଡୁରେ ରଥ ପହଁରୁଛି,
କୁନି ପିଲାଙ୍କୁ ଭକତ କରିଛି
ରଥ ଦଉଡ଼ି ପାଟୁଙ୍ଗା ଆମର
କୁନି ଠାକୁର ମୋ କୁନି ଠାକୁର ।

କୁନି ମାଉସୀଟି ଜଗି ବସିଛି
କୁନିକୁନି ପୋଡ଼ପିଠା ରଖିଛି,
ଲାଜ କରିବୁନି ରାଣ ଦଉଛି
ପେଟ ପୂରା ଖାଇ ଫେରିବୁ ଘର
କୁନି ଠାକୁର ମୋ କୁନି ଠାକୁର ।

କୁନିକୁନି ଟୋପି ବରଷିଲାଣି
କୁନି ଆଖିକୁ ଡର ଲାଗିଲାଣି,
କୁନି ଦେଉଳେ ପାଣି ପଶିଲାଣି
ଖେଳ ସରିଯିବ ତୋ ଭକତର
କୁନି ଠାକୁର ମୋ କୁନି ଠାକୁର ।

■

BLACK EAGLE BOOKS

www.blackeaglebooks.org
info@blackeaglebooks.org

Black Eagle Books, an independent publisher, was founded as a nonprofit organization in April, 2019. It is our mission to connect and engage the Indian diaspora and the world at large with the best of works of world literature published on a collaborative platform, with special emphasis on foregrounding Contemporary Classics and New Writing.

www.ingramcontent.com/pod-product-compliance
Lightning Source LLC
Chambersburg PA
CBHW030548100526
44583CB00033B/874
* 9 7 8 1 6 4 5 6 0 2 2 2 4 *